새로운 음식 현실에 발을 들여놓는 것은 정말 큰 즐거움입니다. 『먹는다의 디자인 : 식경험 디자이너의 생각과 일』은 음식에 대해 매우 이해하기 쉬운 방식으로 마음을 열어주는 인상적이고 매력적인 책입니다.

모든 페이지에 영감과 예시가 가득합니다.
이 책을 읽으며 음식에는 미식 외에도 더 발견할 수 있는 것이 많다는 것을 깨닫는 일은 너무나 기쁩니다.

제비(은경)는 음식에 대한 독특하고 진정성 있는 인식을 만들어냈으며, 여러분도 단순한 쌀 한 톨을 통해 새롭고 더 연결된 세계로 나아갈 수 있도록 이 책에서 자신의 생각을 아낌없이 공유합니다.

— 마리예 보헬장 이팅 디자이너

What a great pleasure it is to step into a new food reality. 『Food experience design: Thought and practice』 is an impressive and engaging book that opens your mind on food in a very understandable way.

It is beaming with inspiration and examples on every page. It is a pure joy to flick through and to start to understand that there's much more to discover with food, beyond gastronomy.

Zebby(Eunkyung) created a unique and authentic perception of food and generously shares her thought with you, so that you too can step into a new and more connected world, through just a simple grain of rice.

— Marije Vogelzang Eating designer

먹는다의 디자인:
식경험디자이너의 생각과 일

Food Experience Design:
Thought and Practice

004 들어가며

004 음식, 경험, 디자인의 시작
　　　　언 손가락과 더러운 소매
　　　　언 손가락과 더러운 소매, 다시 그리기

음식 경험

004 음식이 단어라면 식경험은 문장

005 음식이라는 언어
　　　　발효된, 관계된
　　　　낯선 두 사람의 차 마시는 거리

014 음식이라는 인간 중심적 개념
　　　　흙-벼-쌀-밥
　　　　쌀과 잇기

022 입맛의 정체성
　　　　오디오 메뉴
　　　　반지락 카라멜
　　　　서울 로컬리티 레시피
　　　　대림 레시피, 레시피는 지도 위에 있다

034 음식은 이랬다저랬다하는 콘텐츠
　　　　감자를 위한 인스타그램 키트

034 좋은 음식, 나쁜 음식은 없다
　　　　새는 바가지

042 먹을 수 있는가, 없는가의 질문
　　　　비치코밍 캔디
　　　　줍줍주의 순환적 생애

056 채집과 토종의 값없는 값어치
　　　　산이 먹이시다

062 취향과 선호의 댓가
　　　　햇밀, 라 당스

066 사람은 감을 잃고 음식은 간을 잃고
　　　　간과 감

071 명상이 된 요리, 리추얼이 된 농사
　　　　밥 생각
　　　　나의 반려 채소, 무말랭이
　　　　잃어버린 감각 잇기 : 자투리와 갈무리, 말리기와 걸기
　　　　시절 갈무리 : 입하(立夏)에서 입동(立冬)까지

080 식경험의 시뮬레이션, 소꿉놀이
　　　　토종 곡물 경험 키트
　　　　사발과 상짜기
　　　　버들치 사탕
　　　　티 포 투 T for 2

디자인

096 미식의 종말, 포스트 미식의 상상

096 문제의 발견, 상황의 설정
　　　　멜팅 아이스크림
　　　　아이스크림 에스테틱스
　　　　차갑고 달콤한 팝아트

102 식경험 디자인은 연결하기의 기술
　　　　채집가의 젤리
　　　　우유의 일생
　　　　시절 갈무리 : 입하(立夏)에서 입동(立冬)까지
　　　　마인드풀 곡성
　　　　파래떡 : 바다와 나는 나누어 먹는다

112 먹는 이의 표정, 와 닿는 경험
　　　　발효 기억 전당포
　　　　선-에서 원ㅇ으로 : 연결되는 콩 고르기의 라운드 테이블
　　　　과하주 바

119 보이지 않는 것을 보이기
　　　　맛의 패턴
　　　　김치의 시간
　　　　이로운 풀
　　　　에어룸 토마토 플레이버 맵핑
　　　　0 20 60 100
　　　　토종 곡물 경험
　　　　밀의 맛, 맛의 말

134 사용자의 몫 남기기
　　　　밥 생각
　　　　아이스크림 에스테틱스
　　　　맛있는 채집 표본

138 배움은 삼투현상처럼 일어난다
　　　　선-에서 원ㅇ으로 : 연결되는 콩 고르기의 라운드 테이블
　　　　쭉정이와 알맹이

142 선-에서 원ㅇ으로, 끊어진 것을 잇기

142 나가며

일의 목록

006 **Prologue**
006 **How I became a food experience designer**
My frozen fingers and dirty sleeves
Redraw: My frozen fingers and dirty sleeves

FOOD EXPERIENCE

DESIGN

007 **If food is a word,**
food experience is a sentence
007 **Food is a language**
Fermented, Related
distance of inTEAmacy
015 **Food is a human-centred concept**
Soil-Byeo-Rice-Bap
Connecting with Rice
024 **Your taste is your identity**
Audio Menu
Banjirak Caramel
Seoul Locality Recipes
Daerim Recipe, Recipes on the map
035 **Food is fickle content**
Instagram kit for potatoes
036 **There is no good or bad food**
Leaky Bagaji
043 **To eat or not to eat, that is the question**
Beachcombing Candy
A life cycle of foraged spirit
057 **Pricelessness of foraging and heirloom seeds**
Mountain Feeds
063 **The cost of liking**
Haetmil, La Danse
067 **How to awaken our sense of co-evolution**
Salty Salt
072 **Farming and cooking is the new meditation**
Bab Meditation
My Companion Vegetable, Daikon
Hanging and Drying like Calder
Archiving Seasons
081 **Kitchen play is psychodrama**
The Heirloom Grain Experience Kit
Playing with Tradition
Beodulchi Candy
T for 2

097 **Food apocalypse**
097 **Finding the real problem**
Melting Ice Cream
Ice Cream Aesthetics
Sweet and Cold POP Art
103 **The skill of connecting**
A forager's jelly
The Life of Milk
Archiving Seasons
Mindful Gokseong
113 **Good experiences are not on the plate**
Laver tteok : The sea and I share the plate
Fermentation Memory Pawnshop
From Line to Circle: A Roundtable for Sorting Beans
121 **Making the invisible visible**
Gwahaju Bar
Patterns of Taste
Times of Kimchi
Korean Medicinal Herbs experience workshop
Heirloom Tomato Flavour Mapping
0 20 60 100
Heirloom Grain Experience
Taste of Wheat, Words of Taste
135 **The right amount of experience**
Bab Meditation
Ice Cream Aesthetics
Delicious Specimen
138 **Learning from each other**
From Line to Circle: A Roundtable for Sorting Beans
Odd One Out
143 **Closing the loop**
143 **Epilogue**

LIST OF WORKS

들어가며

좌충우돌 현장에서 생각들을 하나씩 현실의 경험으로 만들다 보니 그사이에 작업으로 다 전하지 못한 생각들과 하지 못한 말들이 쌓였다. 올해 초, 2009년의 그림들을 다시 그릴 계기가 생기면서 그때의 마음을 복기해보게 되었다. 지금이다라는 마음이 들었다.
식경험 디자이너의 시선으로 바라본 음식과 사람, 경험의 이야기들 그리고 그것을 연결하는 디자인에 대한 이러저러한 생각들을 한 바구니에 담아보았다. 작업을 중심으로, 혹은 생각을 중심으로 어느 페이지나 순서 없이 펼쳐 읽어도 좋다.
누군가가 읽는다면 부디 유익이 있기를.

음식, 경험, 디자인의 시작

나는 개인적 호기심으로 식경험 디자인을 시작했다. 영국에서 농장 일기 프로젝트 **언 손가락과 더러운 소매 (2009)**를 끝낼 때쯤 나는 일러스트레이터와 디자이너의 일에 한계를 느끼고 있었다. 막연히 음식과 관련된 디자인을 찾던 중 네덜란드의 이팅 디자이너 마리예 보헬장(Eating designer Marije Vogelzang)을 알게 되었고 작업에 대한 궁금함으로 그녀의 이팅 디자인 스튜디오 겸 레스토랑 프후프 암스테르담(Proef Amsterdam)에서 인턴십을 했다.

음식이 아닌, 음식의 경험이 디자인의 장르가 될 수 있다는 자체에 매료되었다. 복층 구조의 단독 건물이었던 당시 이팅 디자인 스튜디오는 위층의 디자인 스튜디오에서 디자인된 식사를 아래층의 레스토랑에서 먹을 수 있는 구조였는데 사람들이 찾아와서 경험을 위한 독특한 식사를 돈을 내고 먹으며 즐거워하는 모습을 매일 보았던 것이 가장 큰 배움이었다.

이십대의 절반을 외국에서 보내면서 스스로 어떻게 살아야 할지 처음으로 진지하고 치열하게 고민했었고 한국으로 다시 돌아갈 때 쯤, 농장에서 그리고 이팅 디자인 스튜디오에서 내가 가장 많이 느끼고 깨달은 때는 식탁에 둘러앉아 함께 먹으며 이야기를 나눈 순간이었다는 것을 알게 되었다. 삶의 거의 모든 중요한 깨달음들은 식탁 위에 있었다.

나도 이런 일을 하고 싶다고 생각했다. 하지만 한국으로 돌아와 스스로 해보려니 어디서부터 어떻게 시작해야 할지 막연했다. 다른 푸드 디자이너들의 작업을 참고하기도 하고 디자인 씽킹(Design Thinking)이나 서비스·경험 디자인의 이론도 들여다봤지만 결국 내가 정말 하고 싶은 일을 잘 설명하는 것조차 쉽지 않았다. 고민의 시간 끝에 음식, 경험 그리고 디자인의 세 단어가 남았고 그것을 합쳐 식경험 디자인[1]이라는 '내 일'의 이름을 지었다. 2016년 당시에는 없던 말이었다. 일의 이름이 생기자, 같이 일을 하고 싶은 사람들과도 조금씩 만날 수 있게 되었다. 그렇게 여기까지 왔다.

음식이 단어라면 식경험은 문장

음식과 음식 경험을 구분하는 것만으로도 식경험 디자인의 가장 중요한 핵심을 이해하게 된다.
나는 음식을 '먹는다'의 동사로 생각해보기를 권한다. 동사는 홀로 의미를 갖지 못하기 때문에 언제-어디서-누가(누구와)-무엇을-어떻게-왜 그리고 그래서 어땠는데?와 같은 요소들이 더해졌을 때 비로소 의미가 담긴 문장이 된다. 경험의 요소들이 모여서 만들어지는 문장은 그제야 생각과 감정, 의미를 갖는다. 음식이 단어라면 식경험은 문장이다.

나는 식경험 디자인을 먹는다의 디자인이라고 설명하는 것을 좋아한다. 이 책의 이름이 먹는다의 디자인인 이유도 그래서다. 음식을 먹는다의 동사로 생각하면 하나의 음식이라도 무한대의 식경험이 된다.
예를 들어, 라면은 음식이지만 아직 경험이 되지 못한다. 라면이 경험이 되려면 즉, 문장이 되려면 언제 어디서 누구와 어떻게 먹었는지, 그래서 어땠는지에 대한 정보가 더 필요하다. 모처럼의 휴가로 찾은 바닷가에서 실컷 물놀이를 즐

---
[1] 식경험 디자인 by Small Batch Studio는 등록 상표 (제 40-1968370호)이다.

기고 난 후에 친구들과 함께 먹은 컵라면의 경험과 빠듯한 수입 때문에 식비라도 아끼기 위해 혼자 먹게 된 컵라면의 경험은 같지 않다.

식경험 디자인의 일에서 경험적 측면을 강조하고 싶을 때, 문장 형태의 제목을 짓기도 한다. **산이 먹이시다**나 **파래떡 : 바다와 나는 나누어 먹는다**와 같이 문장이 제목이 될 때 관객은 '산과 먹이'나 '파래떡'과 같은 명사의 형태보다 더 직관적으로 의도를 파악할 수 있다.

음식이라는 언어

식경험 디자인은 넓게는 커뮤니케이션 디자인 영역 안에 있다고 생각한다. 시각 언어와 비교할 때 음식은 청각, 후각, 촉각, 미각 등 시각을 모두 사용하는 다중 감각언어다. 디자이너로서는 사용할 수 있는 도구가 많아지는 셈이다. 누구나 먹는다는 음식의 보편성, 그럼에도 자신 만의 고유한 영역이 존재하는 개인성 그리고 음식이라는 언어가 이미 인류의 역사 속에서 만들어 온 허다한 의미작용들을 통해 음식은 남녀노소 만국 공통어로 작동해 왔다.

내가 음식을 사랑한다면 음식의 언어성을 사랑하는 것이다. 음식을 통해서 세상 어느 누구와도 소통할 수 있는 도구라는 것만큼 디자이너에게 또 매력적인 것이 있을까. 언어로서의 음식은 내가 식경험 디자인을 하는 큰 이유 중 하나이다.

2016년, 나는 일본의 푸드 디자이너 하루나(Haruna Nakayama)와 의견 충돌을 겪고 있었다. 나는 일본 음식이 달다, 하루나는 일본 음식은 달지 않으며 한국 음식이야말로 달다며 서로의 이견을 좁히지 못하고 있었다. 그러다가 더 많은 사람들에게도 물어보자는 생각으로 한국과 일본의 120명에게 각자 자신의 나라를 떠올릴 때 생각나는 음식과 그 음식에 얽힌 기억, 발효 음식에 관련된 기억들과 레시피 등에 관해 묻는 프로젝트를 하게 되었고, 대화로는 좁힐 수 없었던 어떤 간극과 오해는 음식이라는 언어를 통해서 이해와 공감으로 나아갈 수 있다는 것을 깨닫게 했다.

일단, 서로 우겼었던 음식의 단맛은 서로가 서로의 나라 음식을 파는 음식, 외식으로 접했기 때문에 생긴 오해 아닌 오해였다.
장으로 대표되는 발효 음식과 관련된 응답들을 보면서 어느새 다른 점보다는 같은 점을 발견할 때 서로에 대한 이해와 공감이 생겨나는 것을 느꼈다. 발효 과정에서 무엇인가가 폭발한 사건들, 냄새로 인한 잊을 수 없는 기억들은 우리가 같은 맛의 언어를 공유한다는 점을 확인시켜 주었다. **발효된, 관계된 (2016)** 프로젝트는 전 세계 공통어로서의 발효 음식과 발효 문화를 바라보는 계기가 되었다.

사회적 차 마시기 **낯선 두 사람의 차 마시는 거리 (2018-)**는 두 사람이 연결된 채 차를 마시는 경험으로, 함께 '마신다'라는 행동이 실은 서로 가까워지려는 언어임을 시각적으로 보이도록 설계된 차 마시기의 경험이다. '언제 차 한 잔하자'라는 의미가 정말 어떤 차의 맛을 같이 보자라기보다는 이야기하며 친밀한 시간을 보내자는 관용적 표현으로 쓰인다는 것을 식경험 디자인의 관점에서 실제로 포착해 보려는 시도였다.

차를 마시는 순간에 일어나는 친밀함이라는 정서적 가까워짐을 물리적인 가까워짐으로 환산할 수 있다면 실제로 친밀함의 거리감을 측정할 수 있지 않을까 하는 가설을 세웠고 인류학자 에드워드 홀(Edward Hall)이 개인 간의 거리감에 따른 친밀함의 정도를 각각 친밀한 거리, 개인적 거리, 사회적 거리, 공적 거리로 정의한 근접학(Proxemics)에서 수치적 근거를 빌려왔다.

연결된 차 마시기는 이렇게 시작한다. 먼저 두 사람이 서로 공적인 거리에 해당하는 길이로 준비된 끈의 양쪽 끝을 잡고 차를 마시기 적당한 거리까지 가까이 다가오면 그 지점에 티백을 묶어 두 사람의 거리를 고정한다. 그렇게 두 사람은 연결된 채로 함께 차를 마시고, 나는 두 사람의 티백과 티백 사이의 길이를 측정해 두 사람의 친밀함의 정도를 알려준다.

이렇게 차를 마시는 과정에서 내가 좋아하는 순간들이 있다. 서로의 차 마시는 거리를 정하기 위해 양 끝에서부터 서로를 향해 점점 걸어오는 동안 대부분의 사람은 웃음을 터트린다. 오늘 처음 만난 사람들이거나 친구나 가족 사이여도 모두 어떤 감정을 보인다. 서로의 표정을 보며 적당한 거리를 정하는 동안 감정의 밀고 당김이 끈을 잡은 둘의 물리적 밀고 당김으로 보인다.

그러고는 연결된 채 차를 마시는 동안 고정된 끈의 길이 때문에 한 사람이 차를 마시면 덩달아 다른 사람도 잔을 들거나 차를 마시는 등 어쩔 수 없이 반응하게 되면서 계속해서 웃음이 나는 상황이 벌어진다. 처음 만난 사이라도 이런 상황 때문에 차를 마시는 동안 어떤 이야기들이 자연스럽게 오간다.

근접학의 기준으로 연결된 거리의 의미를 설명해 주면 더욱 흥미로워한다. 같이 마신 사람들 간의 거리를 평소 서로에게 생각하고 있던 친밀함의 정도와 빗대어보기도 하고, 4인 가족이 사각형의 형태로 서로를 연결한 채 마셨던 경우에는 사각형의 네 변의 길이가 전부 다른 것의 의미를 두고 서로가 서로에게 느껴왔던 친밀함의 정도에 대한 미묘한 감정이 오가기도 했다.

연결된 채 차를 마신 사람들의 일시적 관계가 얽히거나 꼬이거나 늘어져 있거나 팽팽한 선의 형태로 표현될 때마다 나는 이 선들이 언어와 같다고 느낀다.

Prologue

As I turned my thoughts into real experiences in the field, I accumulated thoughts and words that I couldn't express in my work.
So I have put together a basket of various thoughts about food, people and experiences from the perspective of a food experience designer and the design that connects them.
I hope this is of some use to someone who reads it.

How I became a food experience designer

I got into food experience design out of personal curiosity.
When I finished my farm diary project **My frozen fingers and dirty sleeves (2009)** in the UK, I felt limited in my work as an illustrator and designer.
Then I came across Dutch eating designer Marije Vogelzang and, curious about her work, I took an internship at her eating design studio and restaurant 'Proef Amsterdam'.

I was fascinated by the idea of designing the experience of eating, rather than the food itself. At that time, the Eating Design Studio was located in a building with a duplex structure, where meals were designed in the design studio upstairs and people could experience them in the restaurant downstairs.

What impressed me most about the internship was seeing people coming in every day and paying for a unique dining experience.
I was excited to find my passion for design again. Then I realised that the critical moments of my life had always happened in the kitchen.

I wanted to start designing food experiences. But when I came back to Korea and tried to do it myself, I had no idea. I didn't know how to start. I looked at the work of other food designers and studied the theories of design thinking and service and experience design, but it wasn't easy to pinpoint what I really wanted to do.
In the end I chose 3 keywords: food, experience and design. Then describe a part of my work as food experience design. It was a word that didn't exist in 2016, Korea.
Once I had a title for my job, I started to meet people I wanted to work with. And that's how I got here.

If food is a word, food experience is a sentence.

What is the difference between food and food experience? If you can tell the difference, you'll understand the most important key to food experience design.

I suggest you think of food as the verb 'to eat'. Verbs don't have meaning on their own, so it's when you add the elements of when, where, with whom, what, how, why and how that becomes meaningful as a sentence. Sentences are made up of elements of experience, which have thoughts, feelings and meaning.
So if food is a word, then food experiences are sentences.

If you think of food as a verb to eat, then even one food becomes an infinite number of food experiences. For example, instant ramen is a food, but it is not yet an experience. To make it an experience, and therefore a sentence, we need more information about when, where, with whom and how it was eaten.
The experience of a cup of instant noodles eaten with close friends after a long day splashing around on the beach during a holiday is not the same as the experience of a cup of instant noodles eaten alone to save money and time on food because of a tight income.
Designing food experience is making sentences including food.

Food is a language.

I think experience design is broadly within the realm of communication design. Compared to visual language, food is a multi-sensory language that uses all the senses. As a food experience designer, it is as if I have more tools than other designers.

The good thing about using food as a communication language is the fact that everyone has their own food experience, everyone has an original voice. Also everyone eats, no one is excluded. Even now we can include non-human species in the food web. In terms of the relationship between eating and being eaten, we can start to communicate to all in it. So I think there is nothing more fascinating to a designer than the ability to communicate with all the world through food. Food as a language is one of the main reasons why I love designing food experiences.

In 2016, I was having a disagreement with Haruna Nakayama, a Japanese food designer. I was arguing that Japanese food is sweet, she was arguing that Japanese food is not sweet and Korean food is sweet, and we couldn't narrow down our disagreement. We decided to ask more people, so we started a project in which I asked 120 people in Korea and Japan about the food that comes to mind when they think of their country, the memories associated with that food, and the memories and recipes for fermented foods.

After the project, I realised that some gaps and misunderstandings could be bridged through the language of food.
First of all, the sweetness of the food caused by the fact that they were eating out. We realised the fact that the authentic taste, the so-called the taste of home cannot be experienced in the commercialised restaurants.
From the survey, the responses about fermented foods showed that understanding and empathy are born when we find similarities rather than differences to each other. The unforgettable memories of explosions during the fermentation process and the unforgettable smells confirmed that we share the same language of taste. The project **Fermented, Related (2016)** was an opportunity for me to look at fermented food and fermentation culture as a common language around the world.

The **distance of inTEAmacy (2018-)** project is a tea experience designed to visually illustrate that the act of drinking tea together is actually an act of getting closer, of sharing intimate moments. It's an attempt to capture the expression 'let's have a nice cup of tea sometime' as an idiomatic way of spending intimate time together rather than a literal invitation to drink tea.

I suspected that if I could translate the emotional closeness of drinking tea into physical closeness, I could actually measure the distance of intimacy, borrowing a numerical basis from anthropologist Edward Hall's work on proxemics, which defines the degree of intimacy based on the distance between individuals as intimate, personal, social and public distance respectively.

Here is the process I designed for the project. First, two people hold each end of a 3.6m long piece of string away from each other. They walk towards each other, pulling the strings towards each other until they feel close enough to drink tea, and I tie tea bags to the points where they hold the strings to fix the distance between them. Then two people drink the tea together, physically connected by the tea bags. Finally, I measure the length of the string between them with a ruler and tell them that the meaning of the distance of the tea bags can indicate the level of intimacy between two people.

Most people burst out laughing as they gradually approach each other. At least everyone is showing some emotion, whether they're meeting for the first time today or are friends or family. The dynamics of emotion can be seen in the physical push and pull of the two people holding the strings as they read each other's expressions to decide the right distance.

Also, while they are connected and drinking tea, the fixed length of the string causes the other person to inevitably react by lifting their glasses and drinking tea as well, creating a situation that makes them continue to laugh and talk while drinking tea.

It's even more interesting when I explain the meaning of distance in relation to closeness. When I told people their closeness in terms of the distance they had unconsciously chosen, they showed various reactions, including agreeing, disagreeing, disappointing, pleasing, etc. In the case of family or close friends, they showed feelings according to the result compared to the level of closeness they felt to each other.

At the end of the projects, there were lots of tangled, interconnected tea ba ㅈ gs of different lengths, which looked like shapes of our relationships through the language of food.

1

2

 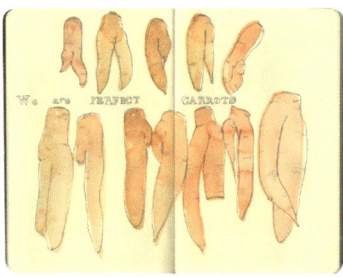 
3

 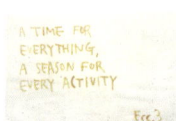   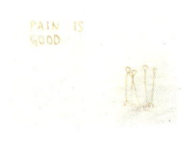

4

1 레인스 오가닉 팜의 식탁
2 프루프 암스테르담에서의 점심 시간
3 언 손과 더러운 소매
4 언 손과 더러운 소매, 다시 그리기

1 Lunch table at Laines Organic Farm
2 Lunch time at Proef Amsterdam
3 **My frozen fingers and dirty sleeves**
4 **Redraw : My frozen fingers and dirty sleeves**

11

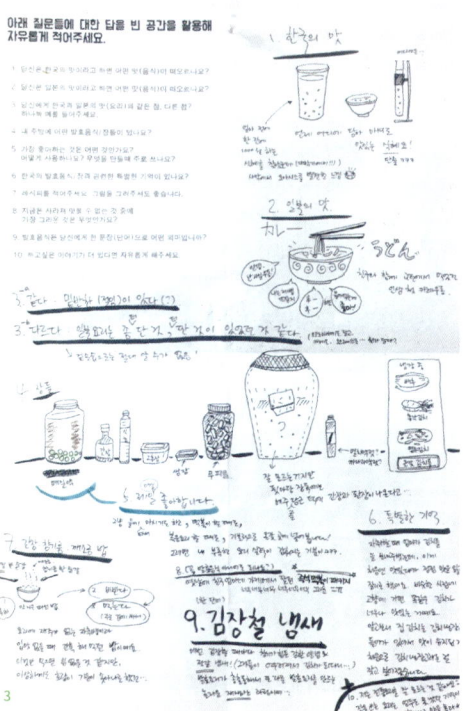
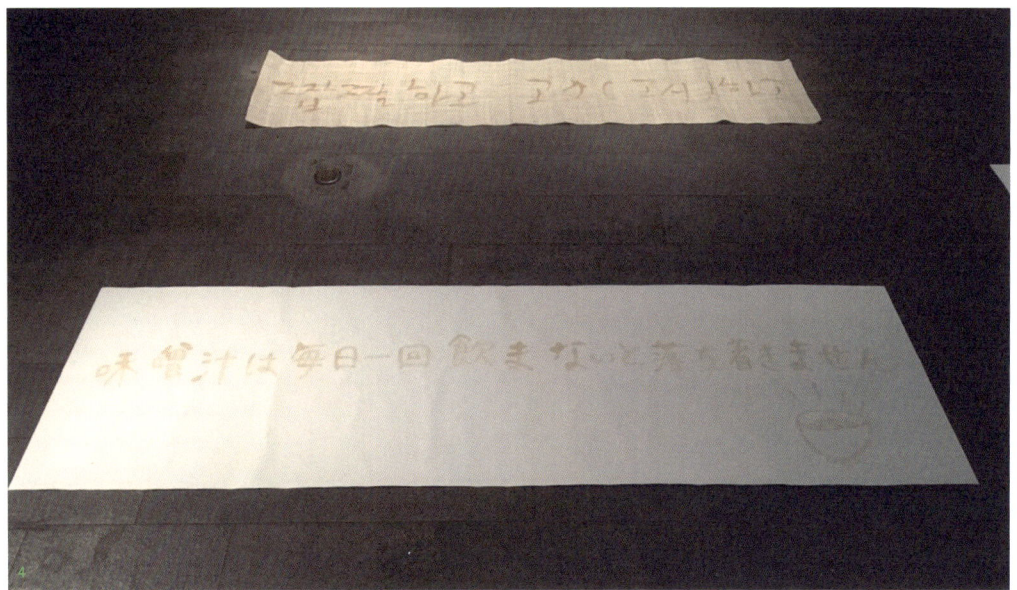

1-3 **발효된, 관계된** _ 책 표지, 전시 전경, 설문 중 일부
4 **발효된, 관계된** 전시 _ 한국어 '짭짤하고 고소(고시)하고', 일본어 '매일 한번이라도 된장국을 마시지 않으면 마음이 진정되지 않습니다.' 한국 사람에게 한국 음식, 일본 사람에게 일본 음식하면 가장 먼저 떠오른 표현 중 일부를 삼베와 종이에 간장으로 적었다.
5 **낯선 두 사람의 차 마시는 거리** _ 하나의 끈으로 연결된 두 개의 티백

1-3 **Fermented, Related** _ Book cover, Exhibition view, Part of the questionnaire
4 **Fermented, Related** Exhibition _ In Korean, 'salty and savory', in Japanese, 'I can't calm my mind unless I drink miso soup at least once a day'. I wrote down some of the first expressions that come to mind when Koreans think of Korean food and Japanese think of Japanese food on hemp cloth and paper with soy sauce.
5 **distance of inTEAmacy** _ Two tea bags connected by a string

1

친밀한거리　사교적거리　사회적거리　공적거리
15-45cm　　46-1.2m　　1.2-3.6m　　3.6m~
　‖
라마시는거리
2

3

1,3 낯선 두 사람의 차 마시는 거리 _ 연결된 채 차 마시기의 다양한 모습들
2　연결된 티백, 근접학의 수치들과 차 마시는 거리와의 연결성에 대한 아이디어 스케치
4　공적인 거리 3.6m길이의 끈 양쪽 끝에서부터 서로를 향해 걸어오다가 차 마시기 적당하다고 생각한 거리에서 멈춘다.
5　서로가 정한 거리에 티백을 묶고 그 거리감을 느끼며 차를 마신다. 두 사람은 오늘 처음 만난 사이다.
6　연결된 채 차 마시기는 두 사람을 친밀함의 거리 45cm 근처에 머물게 한다.

1,3 distance of inTEAmacy _ Various aspects of drinking tea while connected
2　Idea sketch about connected tea bags, numerical values of Proxemics studies
4　3,6m long rope stands for public distance. Two strangers walk towards each other and stop at a distance that is considered to be suitable for drinking tea.
5　Tie the tea bags at a distance that you have decided on and drink the tea while feeling the distance.
6　Drinking tea while connected keeps the two of you at a distance of 45cm, which is close to the distance of intimacy.

4

5

© Yolanta C. Siu
6

15

음식이라는 인간 중심적 개념

나는 쌀이 벼의 열매이며 배추도 꽃이 핀다는 사실을 몰랐었다. 조금만 생각해 보면 너무나 당연한 사실을 왜 살면서 알 계기가 한 번도 없었는지 당황스러웠다. 이 당황스러움은 식경험 디자인을 할 때 필요한 중요한 감각이었다는 것을 깨닫게 했다.

이 시대의 음식 경험은 인간 중심성에서 한발 물러나 생태와 기후를 포함한 환경에 대한 감수성을 요구한다. 어떻게 해야 그런 것을 배우고 실천할 수 있을지에 대한 논의와 방법들이 많지만 나는 그 출발이 먼저 먹는 존재인 나를 재인식하는 것이라고 생각한다. 먹는 일의 익숙함으로부터 한 발 떨어져 보면 보이지 않던 많은 것이 보인다. 식경험 디자인은 그 지점에서 출발한다.

2022년, 창원에서 자연농법으로 쌀농사를 짓는 주나미 농장의 경험 키트를 만드는 의뢰를 받았다.

농사짓는 땅, 흙을 건강하게 만들기 위해 추수 후에 남은 볏짚을 다시 땅에 되돌려주면 볏짚 속에 담긴 그해의 정보, 이야기까지도 흙에 전달된다는 농부의 이야기가 인상적이었고 또 논에 댈 물도 확보하면서 그로부터 자연스럽게 작은 생태계가 생겨나는 작은 물웅덩이, 둠벙 이야기도 흥미로웠다.
하지만 그중에서 가장 인상적이었던 모습은 잡초로 우거진 수풀처럼 무질서해 보이는 토종 볏논이었다. 나는 농부님에게 이 논의 벼들이 모두 다 벼인지 재차 물어보기까지 했다. 내가 알던 벼, 논의 모습이 아니었기 때문이었다. 내가 알고 있다고 생각한 논의 모습은 무엇이었을까. 일치하지 않는 두 장면 사이에서 괴리감을 느꼈다.

내가 알고 있던 벼와 쌀은 다분히 음식으로서 인식되어 왔던 이미지였고, 인간의 개입을 최소화한 농법으로 길러져 토종의 야생성을 간직한 벼들은 나에게 풀로 인식되었던 것이다.
잘 알고 있다고 생각한 음식이 생소한 식물로서 새롭게 인식된 순간, 음식이라는 개념 자체가 얼마나 인간 중심적인 개념인지에 대해 놀라지 않을 수 없었다. 인간이 먹기로 작정하지 않았다면 고기도 동물이었고 채소도 식물이었다.

고기가 동물로, 채소가 식물로 산다면 그들은 그들의 인생을 온전히 살았을 것이다. 하지만 인류가 먹기로 작정한 식량은 재배되기 쉽도록 개량되어 식물로서는 자연 상태에서 매우 취약한 존재가 되었고, 인간의 개입을 최소화하면서 농사짓는 일은 산업적 잣대로는 저효율의 방식이 되었다.

자신의 철학을 갖고 농사지은 쌀의 가치를 소비자에게까지 잘 전달하는 일에 대해 농부는 어려움과 곤란함을 느끼고 있었다. 이 지점이 바로 내가 만들어야 할 경험의 영역이었다. 나는 내가 느꼈던 괴리감으로부터 시작해 농부의 철학과 지역, 농법에 대한 내용을 거쳐 궁극적으로는 자연 재배 토종 쌀의 가치에 대한 소비자의 이해와 납득까지를 경험의 여정에 담기로 했다.

그것은 하나의 맥락 안에 담겨야 하는 이야기였다.
밥이 어디서 왔나, 쌀에서 왔지. 그럼, 쌀은 어디서 왔나, 벼에서 왔지. 그럼, 벼는 어디서 왔나, 흙에서 왔지. 그리고 먹고 남은 것, 볏짚에 대한 생태와 환경, 재생과 순환의 이야기까지 연결되도록 만들었다. 그렇게 만들어진 것이 주나미 경험 키트 **흙-벼-쌀-밥 (2022)** 이다.

흙벼쌀밥의 경험은 밥은 음식이 아니라 맥락임을 이야기한다. 키트에는 한 줌의 주나미 흙과 벼 나락 한 줄기 그리고 쌀이 학습지 형태의 책자와 함께 들어있다.
생태 교육 키트처럼 만들어진 음식 경험 키트를 경험하는 동안 사람들이 자연스럽게 음식을 생태적 관점으로 볼 수 있도록 하면서 로고에서부터 경험의 핵심이 담기기를 원해서 화살표로 순환되는 형태로 만들었다. 밥이라는 음식을 머릿속으로 떠올릴 때 화살표를 따라 쌀과 벼, 흙을 줄줄이 떠올리게 하려는 의도였다.

부산현대미술관에서 열린 전시 ≪누구의 이야기≫의 연계 프로그램을 만들었을 때, <흙-벼-쌀-밥>에서 키트를 통해 이야기하고자 했던 식경험의 단절과 재연결을 예술적 체험으로 시도해 볼 수 있었다.

두 개의 식경험을 만들었는데 전체 프로그램의 이름은 **음식이기 전엔 자연이던 (2022-2023)** 이었다. 식물과 채소, 동물과 고기를 결정해 온 인간의 존재에 대한 질문이었다. 너는 내가 되고 나는 네가 되어 보는 순간, 먹는 자로서 먹히는 자와 나란한 선상에 서 보려는 의도였다.

두 개의 프로그램 중 하나는 **쌀과 잇기**이었다.
참여자들은 형광색 실로 토종 벼 나락 한 줄기와 거기에서 난 쌀로 만든 뻥튀기를 차례로 묶어 목걸이 형태로 만들고 마지막에는 목에 걸어 '나'라는 먹는 존재와 '토종 벼'라는 식물 그리고 음식이 된 '뻥튀기'를 하나의 연결된 몸으로 만들었다. 이렇게 의도적으로 나와 자연, 자연을 요리한 음식이 연결된 채, 참여자들은 임동식 작가의 작품 앞에 앉아 천천히 뻥튀기와 벼 나락 속에 생쌀을 씹어보며 명상의 시간을 가졌다.

누군가는 평소에 쌀이나 밥에 대해 생각해 보지 않았던 수많은 생각이 떠올라서 감동이 있었다고도 했고 또 누군가는 그래서 이상하고 불편한 마음이 들었다고도 했다. 애초에 몰입이 되지 않았다는 사람들도 있었다.
모두 자연스러운 현상으로 받아들이며 목에 걸었던 것을 벗고 경험을 마쳤다.

이 식경험은 임동식 작가의 작업에서 영감을 받았다. 작가가 1980년대에 공주의 금강 일대에서 직접 갈대나 풀잎을 자신의 수염과 묶은 채로 마주 보았던 현장미술운동 자료들을 처음 접했을 때 몇몇 흑백 사진들에서 보았던 이미지가 강렬하게 남아있었다.
이번에 그 작업을 회고한 회화 시리즈 <풀잎과 마주한 생각>[1], <야투 몸짓 드로잉-갈대와 수염 잇기>[2]등을 보며, 풀의 자리에 먹기 위해 길러진 풀과 그렇게 만들어진 인간의 먹이, 음식을 놓아본다고 상상해 보니 흥미로운 시도가 될 수도 있겠다고 느꼈다.

[1] 임동식, 2005, 서울시립미술관 소장
[2] 임동식, 2022, 부산현대미술관 커미션

말 그대로 음식은 마주 보는 데서 끝나지 않고 그것을 씹고 맛을 즐기고 씹어 삼켜 몸속에서 소화하기까지 하니 말이다. 그런 존재를 나와 같은 선상에 놓는다는 생각에 몰두하면 먹히는 존재와 먹는 존재의 위계가 깨져 버리니 이상하고 불편한 반응은 당연하였다. 인간은 한 번도 먹힌 적이 없었다.

Food is a human-centred concept.

I didn't realise that rice was the fruit of a plant and that there was a cabbage flower. I was shocked that I had never had the opportunity to be aware of something so obvious. This embarrassment made me realise how important it is to recognise the concept of food. Experiencing food in this era requires a sensitivity to ecology, including awareness of the climate crisis, biodiversity, regenerative agriculture, etc. There are many discussions and ways to learn and practice this, but I believe it starts with a re-awakening to ourselves first. We humans have been regarded as top predators, but we are beginning to realise that we are part of the process of the circular food web. When you step back from the familiarity of eating, you see a lot of things you didn't see before. This is where experience design should start.

In 2022, I was commissioned to make an experience kit for the rice farm (Junami Farm) in Changwon.
I was impressed by the philosophy of a farmer who returns the rice hay to the soil every year after harvest to make the soil healthy. He has believed that when he mixes the hay with the soil, the microbiome in the hay passes on the information of the year to the soil, so that the rice can better adapt to the environment and climate with the data from generations. So the farmer has been using only heirloom seeds he has harvested himself and farms biodynamically. I was also fascinated by the dumbung, a small

pond where a small ecosystem grows naturally while providing water for the rice fields.

But the most striking sight for me was the native rice field, which looked like a wild bush. I even asked the farmer if this was all the rice field he was growing. Because it didn't look like rice or a farm as I knew it.
I felt disconnected between the two conflicting scenes in my mind.
The image of rice and a rice farm as I knew it was a designed image of food. But the rice, grown with minimal human intervention, retained its natural wildness and was perceived by me as grass. I was struck by how human-centred the concept of food I had.

Surely meat was an animal and vegetables were plants unless people chose to eat them. The food that humans have chosen to eat has been modified to make it easier to grow with maximum yield, making them very vulnerable in their natural state, and farming them with minimal human intervention has become an inefficient practice by industrial standards.

The farmer struggled to communicate his philosophy and the value of his rice to the consumer, and this was the area of the experience I needed to create. I decided to create an experiential journey that started with the disconnect I felt, then moved on to the farmer's philosophy, region and farming methods, and finally to the consumer's understanding and acceptance of the value of naturally grown, indigenous rice.

It was a story about the food system. Where does your daily bowl of rice come from? It comes from rice. Where does rice come from? It comes from rice plants. Where do rice plants come from? They come from the soil. And the ecology, the environment, the regeneration and the circulation of the rice hay is all connected. This is how the Junami Experience Kit **Soil-Byeo -Rice-Bap (2022)** was created.

The experience teaches that rice is not a food, but a system. The kit comes with a handful of Junami soil, a stalk of a rice plant, a packet of harvested rice and a booklet in the form of a school activity book.

I designed a food experience kit that is like an ecology education kit, so that people would naturally see food from an ecological perspective during the experience. I also designed a logo with 4 arrows forming a circle representing the life of rice in the system. The kit was used for people to understand the farmer's philosophy and value of his rice.

When I created an education programme for the exhibition <<Whose Story>> at the Busan Museum of Contemporary Art, I was able to try to reconnect the disconnection in the experience of food in the museum gallery.

The programme was called **Before Food, It Was Nature (2022-2023)**. It was a question of the human being who determined plants and vegetables, animals and meat. The intention was to be in the shoes of other species, this time it was rice.

For **Connecting with Rice** I used fluorescent thread to emphasise human action and intention. Participants tied a stalk of indigenous rice and a piece of rice puff made from it into a necklace and wore it around their necks, creating a connected body of 'me' the eater, the plant 'indigenous rice' and the food 'rice puff'. The participants then sat in front of the paintings of the artist Lim Dong-sik and meditated while slowly eating a rice puff.
Some people said they were moved because it brought up a lot of thoughts they didn't normally think about rice, while others said it made them feel strange and uncomfortable. Some said they couldn't be immersed at all. I guided them that

all reactions are fine as a natural phenomenon and ended the experience by removing the necklace.

This food experience was inspired by the work of Lim Dong-sik. The artist started the field art movement in the 1980s. In one of his performances, he sat on a meadow, tied a bundle of grass with his beard and looked at each other. I thought this is what I need to do now, to rethink the relationship with food. I thought it would be interesting to substitute grass for food.

When you think about food, you don't just look at it, you think about chewing it, tasting it, swallowing it and digesting it in your body. But what if the hierarchy between human beings and food were on the same level? It would be natural to feel strange and uncomfortable. Because we, humans, have never been eaten.

주나미 토종벼 논   Junami Heirloom Rice Field

© 주나미 농장 © Junami Farm © Yolanta C. Siu

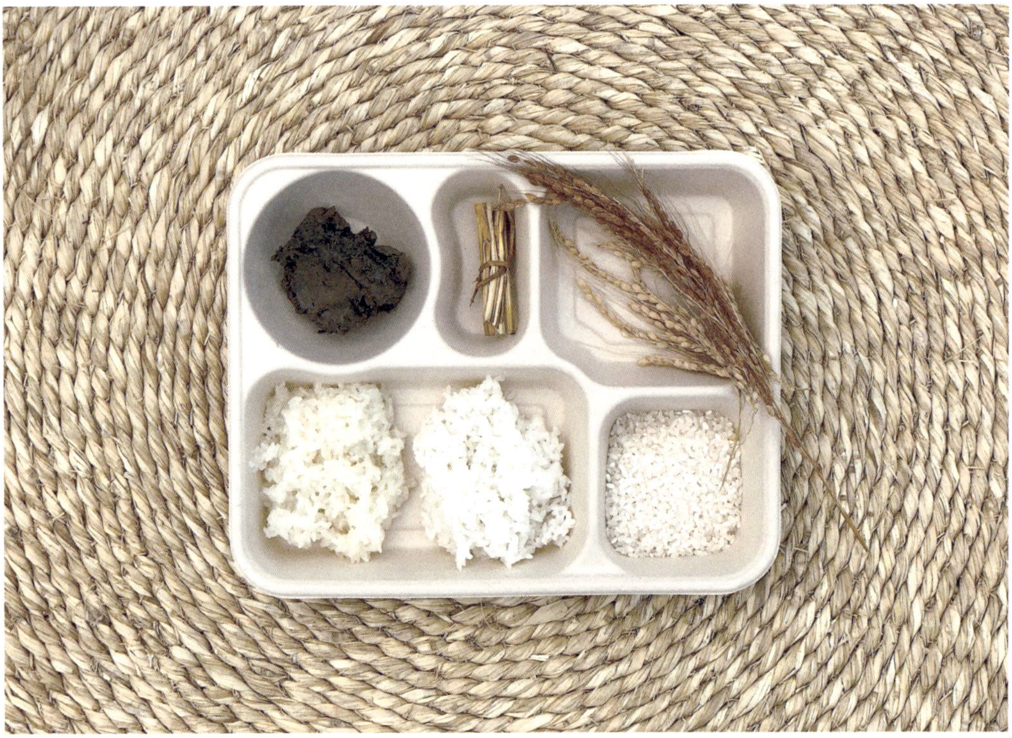

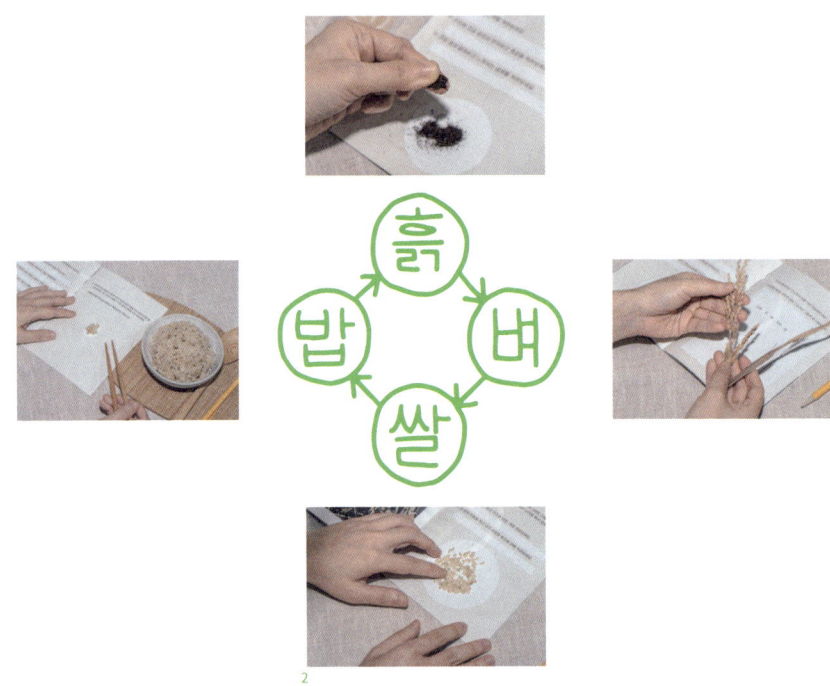

1

2

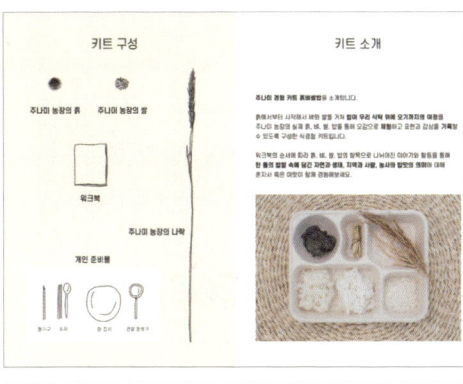
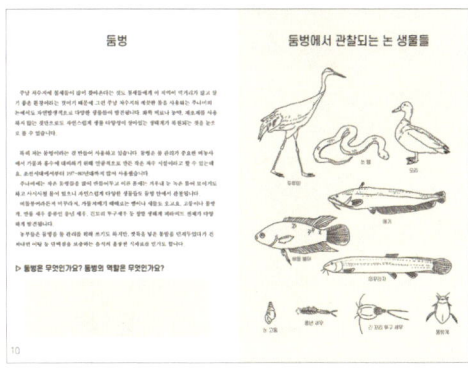

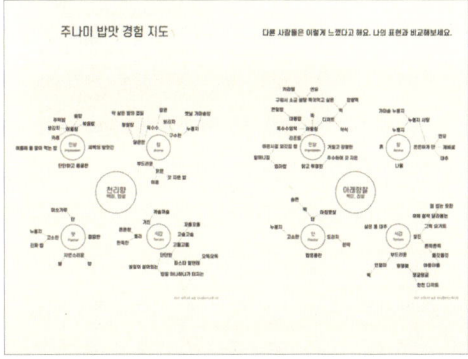

1 **주나미 경험 키트** _ 흙, 벼, 쌀, 밥이 함께 담긴 이미지로 주제를 표현했다.
2 로고에서도 생산-가공-유통-소비의 맥락을 순환적 이미지로 표현.
   키트에는 실제 주나미의 흙, 벼, 쌀 원물을 동봉하여 체험하도록 구성했다.
3 **주나미 경험 키트** _ 활동지 내지 중 일부
4 **주나미 경험 키트** _ 패키지 구성
5 키트의 경험을 토대로 한 체험 행사

1 **Junami Experience Kit** _ The theme is expressed with an image of Soil, Byeo (rice plant), Rice and Bap (a bowl of rice).
2 The logo also expresses food system in a circular image.
3 **Junami Experience Kit** _ Activity Sheet
4 **Junami Experience Kit** _ Package
5 Experience event based on the experience of the kit

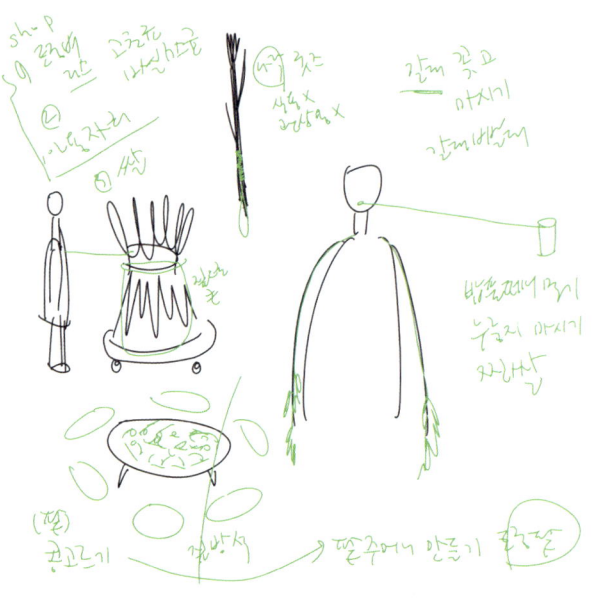

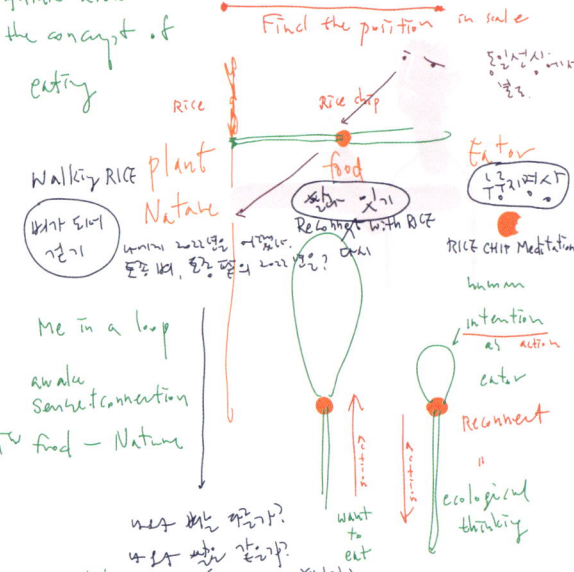

1
1 음식이기 전엔 자연이던 _ 아이디어 스케치
2 쌀과 잇기 _ 아이디어 프로토타이핑 및 시뮬레이션
3 쌀과 잇기 _ 프로토타입을 만들고 현장에서 시뮬레이션
4 임동식 작가의 작품 앞에 앉아 음식 명상중인 참여자들
5 참여자들이 만든 다양한 쌀과 잇기 결과물들

1 **Before food, it was nature** _ Idea sketch
2 **Connecting with rice** _ Idea prototyping and simulation
3 **Connecting with rice** _ Prototype making and on-site simulation
4 Participants meditating on food while sitting in front of the work of artist Lim Dong-sik
5 Various rice and connection results made by the participants

입맛의 정체성

당신에게 특별한 의미가 있는 음식을 떠올려보라. 오래도록 기억하고 싶은 엄마의 맛이나, 할머니를 떠올리면 생각나는 그리운 맛과 같은, 다른 이에게 설명하려야 끝내 설명하기 어려운 그런 사소하고 개인적인 맛들. 반가운 마음에 한 입 먹고는 어느새 눈가가 촉촉해지다가 그렁그렁 눈물이 와앙하고 터져버려서 당황스럽기까지 한 맛들.

태어나기 전 엄마 뱃속에서부터 물려받고 자라며 전수받은 입맛들, 살았거나 살아가고 있는 지역, 타고난 체질이나 추구하는 삶의 방식과 가치관에 이르기까지, 기억에 강렬하게 남아있고 한 순간 마음 깊은 곳을 건드리는 그런 맛들부터 의미는 크게 없다고 생각될지라도 매일 당신이 먹어온 것들까지, 그런 입맛 경험들의 총체가 입맛 정체성이고 지금의 당신이다.

나의 입맛 정체성도 돌아보게 된다.
경북 영주 출신의 부모님으로부터 받은 한국의 내륙 산간 지역의 입맛에 런던 유학 시절, 문화로서 받아들인 세계의 음식과 이방인으로서 정체성을 자각한 시기에 본격적으로 시작한 무국적의 요리들이 더해지고 농장과 이팅 디자인을 거쳐 다시 한국에 돌아와 새로운 눈으로 보게 된 한국과 식경험 디자인을 통해 경험한 모든 것들까지 모두 내 입맛의 정체성이고 내가 나일 수 있는 이유일 것이다.
명절에 가족이 모이면 예전에 대가족이 모이던 때에 해먹던 음식들을 만들어 먹자고 한다.
우리집 식구가 되는 통과의례와 같은 음식이던 안동식혜나 굳이 힘들게 손두부를 해 먹는 건 나다움을 잊지 않으려는 노력이기도 하다.

입맛 정체성에는 한 개인이 먹고 살아온 삶의 사소한 이야기일지라도 그 안에서 지역과 시대, 사회의 다양한 면면을 엮어내는 면이 있다는 것을 2017년 창원에서 창원의 맛을 주제로 한 전시 ≪미식예찬≫을 위한 작업으로 처음 인식하게 되었다.
그때까지 태어나서 한 번도 창원을 가 볼 일이 없던 내가 창원의 맛을 찾기 위해서는 먼저 지역민들을 만나 이야기를 들어야겠다고 생각했고 70년대와 80년대생의 주민들을 만나서 '창원에서 나고 자라면서 가장 인상적이었던 음식 경험'이라는 한 가지 질문을 던지고 그에 대한 이야기를 들을 수 있었다.

그들이 들려준 이야기는 흥미롭고도 이상했다.
70년대 생의 이야기는 퇴근길 아버지가 술안줏거리로 집에 들고 온 언 북어를 어머니가 마당에서 두들겨서 포사시하게[1] 뜯어 안주를 만들던 어느 저녁 날의 생생한 묘사였고 80년대 생들의 이야기는 맞벌이로 바쁜 부모님과 같이 갔던 새로 생긴 피자집에서의 외식과 편의점에서 먹은 삼각김밥, 아플 때 엄마가 만들어 줬던 스팸 볶음밥에 대한 기억이었다.

10년 사이에 창원에는 무슨 일이 있었기에 이렇게 다른 식경험이 존재할까 어리둥절했지만 이내 한 가지 사건으로 인해 모든 의문이 풀렸다. '1984년에 창원에 길이 났거든요.'로 대표되는 마산, 창원, 진해의 통합과 함께 진행된 도시화가 그것이었다. 도시화를 전후로, 선주민과 이주민이 같은 지역에서 매우 다른 입맛의 정체성을 갖게 되었다는 이야기가 바로 창원의 맛이라는 생각이 들었다. 나는 이들의 전혀 다른 식경험 이야기를 실제로 창원의 한 식당에서 주문하고 들어볼 수 있는 **오디오 메뉴 (2017)**를 만들었다. 이때의 경험은 입맛 정체성 그리고 개인의 음식 역사가 갖는 의미에 대해 생각해 보게 되는 계기가 되었다.

2022년에는 여수의 작은 섬, 장도의 미술관에서 전시 ≪슬퍼하고 기침하는 존재들, ( )의 식탁≫를 위한 작업을 의뢰받게 되었는데 장도에 살았었던 다섯 가족, 정확히는 할머니, 할아버지들을 만나 그분들의 먹고 살아온 이야기들을 듣자마자 나는 이 이야기를 식경험으로 만들어야겠다고 생각하게 되었다.
이야기는 이렇게 시작된다. 다섯 가족이 들어와 살던 장도는 뭍에서 300미터정도 떨어져있어 뭍으로 나오려면 배를 타야 하는 섬이었다. 남편들이 주로 배를 타고 고기를 잡으

[1] 인터뷰이 한은정의 표현으로, 북어의 살결이 결결이 뜯기는 모양을 묘사

러 나가면 아내들은 갯벌에서 하루 종일 반지락[2]을 캐고 그걸 꼬치에 일일이 꿰고 말려서 시장에서 파는 것으로 생계를 꾸렸다. 척박했어도 섬에는 우물도 있고 밭도 일굴 수 있어 다섯 가족이 먹고 살기 좋았다.

그러다가 아이들이 태어나고 그 아이들이 학교에 갈 나이가 되자 매일 아이들을 배에 태워 뭍의 학교로 보내는 일이 큰 문제가 되었다. 그러자 남편들과 아내들은 밤마다 할 일들을 마치고 돌을 바다로 옮겨 맨손으로 돌다리를 놓아 섬과 육지를 이었다. 사람이 손으로 다리를 놓는다니. 믿어지지 않는 이야기였다.
그렇게 자식들을 학교 보내며 키우고 살던 다섯 가족은 섬이 개발되어 전시장이 들어서게 되면서 뭍으로 모두 이사를 하게 되었다. 강제든 아니었든 평생 살았던 고향을 잃게 된 셈이었다. 뭍으로 이사간 가족들은 김치를 담가도 예전의 그 맛이 나지 않아 한동안 섬에 와서 우물물을 길어 먹었다고 한다.

다섯 가족이 잃어버린 고향 위에 멀끔히 세워진 전시장에서 내가 해야 할 일은 이들의 이야기를 전시장 안에 두는 것이라고 생각했다.

그래서 장도 여자들의 평생 삶이 묻어 있는 바지락 무지를 테이블 가운데 쌓고 다섯 할머니를 위한 자리 위에는 장도의 모양을 본뜬 바지락 접시와 바지락 칼을 놓았다. 할머니들이 평생 수 없이 캐고 깠을 바지락의 껍데기 안에는 바지락 살을 대신해 달콤한 카라멜을 녹여 넣었다.

인생의 달콤함도 짠맛도 담겼을 **반지락 카라멜 (2022)** 은 전시장에서 할머니들과 또 관람객들과 나누어 맛보았다. 거친 바지락 껍데기까지 한꺼번에 입안에 넣고 우물우물 녹여 먹어야하는 이 카라멜을 모두는 신기하거나 재밌게 또는 진지하게 맛보아주었다. 달콤하고 부드러운 이면에 단단히 들러붙어 있는 거칠고 딱딱한 껍데기의 이물감은 내가 느꼈던 어떤 불편함과 씁쓸함을 전하는 것이기도 했다.

[2] 바지락의 여수 말

창원과 여수에 이어 서울의 지역성과 입맛 정체성에 대한 관계를 탐구해 볼 수 있는 프로젝트 **서울 로컬리티 레시피 (2022-2023)**를 ≪일시적 개입≫전시 참여작업으로 진행하게 되었다.

서울에는 서울 음식이 있을까. 서울의 입맛이라는 것은 존재하기나 할까.라는 질문에 대한 답을 서울 사람들이 직접 입력한 레시피에서 찾아보려는 시도였다.
각각의 레시피에는 자신이 생각하는 입맛의 지역 정체성을 태그하게 했다. 그리고 그 지역들을 지도 위에 대응하는 것으로 서울이라는 도시의 입맛 정체성의 경향을 파악해 보기로 했다.

전시 기간동안 411개의 레시피들이 모였고 예상할 수 있게도 서울의 입맛 정체성은 한마디로 짬뽕, 다양성 그 자체였다. 전국을 너머 전 세계의 입맛들이 모여 사는 곳이 서울이라는 것을 400명이 넘는 개인의 고유한 서사를 통해 확인할 수 있었고, 그 과정에서 개인의 입맛 정체성 안에 얼마나 다양한 지역성이 또 섞여 있는지에 대해서도 확인해 볼 수 있었다.
그리고 이 생각은 ≪안과안≫ 프로젝트에 참여해 서울 영등포구의 대림 중앙시장을 중심으로 한 대림동의 식문화 연구 **대림 레시피 (2024)** 와 그 결과물 **레시피는 지도 위에 있다 (2025)** 에서 더 들어가 볼 수 있었다.

놀랍게도 서울에 살면서 한 번도 대림동을 가 보지 못했었다. 갈 일이 없었기도 했고 몇몇 영화를 통해 보인 대림동의 모습이 긍정적이지 않은 탓도 있었다. 하지만 실제로 들여다본 대림 중앙시장은 서울의 시장들 중에서도 온갖 식재료와 음식들 그리고 사고파는 사람들로부터의 활기가 느껴지는 시장이었고 연변의 조선족, 한족을 중심으로 한국에 정착, 귀화해 살고 있는 사람들이 향유하고 있는 식문화를 경험할 수 있는 서울의 또 다른 모습이기도 했다.
몇 차례의 시장 구경을 하고 나니 거기서 음식을 사 먹고 식재료를 구입해서 요리해 먹는 사람들의 이야기로 관심이 자연스레 옮겨갔다. 그렇게 영등포구, 대림동에 살았거나 살고 있는 세 여자들의 먹고 살아온 이야기들을 인터뷰하게 되었다. 레시피를 적는 종이 위에는 레시피보다도 먼저 지도가 그려져야 했다.

그중 한 명의 이야기는 이랬다.
경남 밀양 출신의 할머니가 만주로 이주해 연길(연변)에 정착해 딸을 낳았다. 딸은 중국어가 더 편했고 베이징에서 대학까지 나왔지만, 그녀 자신이 낳은 딸과 함께 모녀 삼대가 다시 한국에 살게 되면서 지금은 그녀만이 유일하게 한국어가 서툴게 되었다.

그녀가 자주 해 먹는 요리인 건두부 무침의 양념에는 중국의 조미료 라오깐마와 한국의 사과식초, 들기름이 같이 쓰인다고 했다. 연길에서도 한국 슈퍼마켓은 많아서 거기 살 때부터 해 먹었다는 이 양념의 조합은 대림동의 저녁상에 자주 오른다고 하는데 한국도 중국도 조선족의 레시피도 아닌 이 양념이야말로 대림 레시피, 대림의 입맛 정체성일 수밖에 없겠다고 생각했다. 그녀와 함께 만들어 맛본 양념은 익숙하기도 하고 이국적이기도 한 것이 그녀의 삶의 경로가 고스란히 묻어나는 맛이었다.

나는 대한민국주변도의 벡터파일에서 모든 경계선들을 지우고 도시의 이름만 남겼다. 그것은 같은 인간으로서 살아온 흔적이었다. 그리고 그 위에 세 명에게서 받은 손글씨 레시피 이미지를 중첩시켜 지도 <레시피는 지도 위에 있다>를 만들었다.
나는 경계를 만들고 마찰을 일으키는 것은 무엇이고 또 음식은 어떻게 그것을 초월하는지 묻고자 했다.

Your taste is your identity.

Think of a food that means something special to you. It could be small, personal memories that are hard to explain to others, like the nostalgic flavours that come to mind when you think of your grandmother. It could be flavours that make you burst into tears when you take a bite. From the tastes you inherited from your mother's womb, to the tastes you grew up with, to the places you've lived or live, to the way of life and values you live by, from the tastes that stick in your memory and touch you deeply for a moment, to the things you eat every day even if you don't think they mean much to you, the sum total of your taste experiences is your taste identity and who you are today.

I also think about my taste identity. The taste of the Korean mountain region that I inherited from my parents, combined with the international cuisines that I embraced as a culture when I lived in London, where I became aware of my identity as a foreigner. And all the experiences I've had through farming and eating design, and then coming back to Korea and seeing it with new eyes through food experience design, is what makes me who I am now. So, When my family gets together for the holidays, I always try to make andong sikhye or tofu, which we used to make when we had big family gatherings, as a ritual to remember who I am.

I first realised this taste identity when I was working on the exhibition <<Gastronomic Praise>> in Changwon in 2017. I learned that if it's just a frivolous story about an individual's life of eating and living, it can be interwoven with the story of a region, era and society.
I met local people born in the 70s and 80s and asked them the same question: 'What was your most memorable food experience growing up in Changwon? The stories they told were both interesting but a little strange.

The story of the 70s generation was a vivid description, such as one evening, mother pounded up frozen dried pollock to make her husband a snack with a drink. On the other hand, the stories of the 80s generation were memories of eating out at a new pizza place with their parents, who were busy working and eating fast food at convenience stores. I was puzzled as to what had happened to Changwon in the space of a decade to create such a different food experience, but one event soon cleared up all my doubts. It was the urbanisation and industrialisation of the region in 1984.

After urbanisation, local people and migrants in the same area have had very different taste identities.
At first, I was curious about the local food culture and wanted to design a new menu inspired by it, but I decided to make **Audio Menu (2017)**, in which people can order and listen to the stories of their different food experiences from interviewees at a restaurant in Changwon. This project made me think about taste identity and the importance of personal food history as a reflection of identity.

In 2022, I was commissioned to create a work for the exhibition <<Man is sad, coughs : A table for ( )>> at the Art Museum in Jangdo, a small island in Yeosu, and as soon as I met five families who used to live on Jangdo and heard the stories of their epic lives, I decided to turn these stories into a food experience.

The story begins like this. A family of five lived on Jangdo, an island about 300 metres off the coast that required a boat to get out to sea. While the men usually went out by boat to catch fish, the women earned their living by spending all day digging for the local clams, skewering them, drying them and selling them at the market. Although the island was isolated, it had a well and a field that could be cultivated, so it was a good place to live for a family of five.

Then children were born, and when they were old enough to go to school, it became a big problem to get them on the boats every day to go across the sea to school. So the husbands and wives, after their daily chores, carried stones into the sea and built a stone bridge with their bare hands to connect the island to the mainland. It was incredible that people could build bridges with their hands.

The family of five, who had sent their children to school and raised them, were all forced to leave when the local government decided to develop the island into an art museum island. Forced or not, five families suddenly lost their homes. It is said that the families had to come back to the island to use well water for a while after they left the mainland, because their kimchi didn't taste as good as it used to.

I felt that my job was to bring their stories into the exhibition hall, which was built on their lost home.
So I stacked the clam shells in the middle of the round table, representing the lives of five women on the island, and placed five island-shaped plates and clam knives. Inside the clam shells, I melted caramel to replace the clam meat and baked it to make clam caramels with shells to make **Banjirak Caramel (2022)**.

The clam caramels, which must have contained both the sweet and salty flavours of their lives, were shared with the grandmothers and visitors to the exhibition. Everyone tasted the caramel and experienced the irritating clam shell in their mouths. The rough, hard shell clinging to the sweet, soft caramel conveyed the intended discomfort of the island's hidden history.

After Changwon and Yeosu, I had the opportunity to make **Seoul Locality Recipes (2022-2023)**, a project that explores the relationship between locality and taste identity in Seoul. I wondered how food identity could be defined based on region, especially in big cities. I conducted an online survey, asking random people living in Seoul to submit the recipes they thought represented themselves, and asking them to tag the cities they thought their recipes came from.

I collected over 411 recipes over 8 weeks and mapped them to identify patterns in Seoul's taste identity.
The result is that Seoul's taste identity is a

diversity that cannot be narrowed down. Through the unique narratives of over 400 individuals, I was able to see that Seoul is an assemblage of tastes around the world, and in the process I was able to see how different localities are interwoven loosely within individual taste identities.

This idea was further explored in **Recipes on the map (2025)** from a research project **Daerim recipe (2024)** on the food culture of Seoul's Chinatown.

Surprisingly, I had never been to Daelim-dong, the Chinatown, when I lived in Seoul. Partly because I hadn't seen anything positive about the area in the media. The area was always portrayed as a lawless slum.

However, when I went to Daelim Central Market for the first time for the project, I found it to be one of the most lively markets in Seoul, with all kinds of freshly made food and good, diverse ingredients. It was also a different side of Seoul where you can experience familiar and unfamiliar food culture enjoyed by migrant Koreans, mainly from China.

After a few visits to the market, my interest naturally shifted to the stories of the people who buy and cook the food there. I interviewed three migrant women who used the market about their food stories. During the interviews, they draw maps and recipes, we shop at the market, cook and eat together.

Here is the story of one of them. My mother, from Milyang, South Korea, had moved to Manchuria for political reasons and settled in Yanbian, where she had a daughter (me). Her daughter (I) was more comfortable in Chinese and went to university in Beijing. I got married and had a daughter, and my family decided to move back to Korea for my daughter's better future. Now my daughter is the one who speaks Korean the best.

My family cooks every day, often using dried tofu. To season it, I use a combination of Chinese spicy condiment 'Lao gan ma' with typical Korean apple vinegar and perilla oil. It's my mother's recipe. We have been making it like this since we lived in China.

I thought it is a transnational taste identity, neither Korean or Chinese, but a patched recipe added by migrating places. The flavours of mixed cultures were a trace of her life's journey.

I erased all lines of boundaries on the conventional map of Korea and neighboring countries and got only names of cities, which was the trace of living as the same humans. And I overlayed hand drawn recipes from 3 women I interviewed on the map. I tried to ask what makes boundaries and friction, and how food can transcend it.

1
1 오디오 메뉴 _ 컨셉 이미지, 인터뷰 발췌록 중 일부
1 Audio Menu _ Concept image, Some excerpts from the interview

…

밤에… 아버지가 소주가 먹고 싶은 날이 있잖아요. 그러면 두 마리를 딱 걸어. 두 개를 손가락에 탁 걸어갖고… 시멘트 발라진 마당에서 엄마한테 빨래방망이를 받아갖고 그걸로 두들겨요. 부드럽게. 부드럽게 툭툭툭툭 해가지고 … 이제 엄마는 초장 만들어서 들고 오시고… 그게 느낌이 있어요. 포사시한 그 느낌이… 얼어있는 하얀 명태살을 뜯으면 (하여간 제 표현으로는) '포사시'야. 하얀 살에 약간의 얼음기가 붙어있어서 소리가 나. 쓰윽- 그거를 생으로, 언 채로 입에 넣으면 입 안에서 녹기도 하고… 그런데 지금 생각에는 그걸 왜 안 구워 먹었을까. 구워 먹었으면 고숩할텐데.. 그랬는데 하여튼 그때는 그걸 뜯어서 먹었어요.

…

저는 중국집 많이 먹었고… 우리집 바로 옆에 중국집이 있었어. 내려가서 바로 먹을 수 있는…

…

저도 어릴 때는 중국집 많이 먹었는데… 뭐 오므라이스, 짬뽕…그런데 지금은 더 바쁘니까, 시간이 없으면 어쩔 수 없이 찾게 되는 거 같아요. 플라스틱 맛. 삼각김밥은 비닐 맛. 그런데 든든해. 실제로 나는 끼니를 안때울려고 했는데 그렇게 안하면 …

…

일을 7시 반에 마치는데 여기 오면 8시예요. 그러면 너무 피곤하니까 한숨 자거나 하면 식사시간 놓치는 거예요… 거창하게 고기 구워먹을 수도 없고 … 우왕좌왕하다 보면 이미 10시… 그러면 어쩔 수 없이 편의점가서 먹어야 되는 거예요. 아니면 맥도날드. 24시간. 우리의 친구. (웃음)

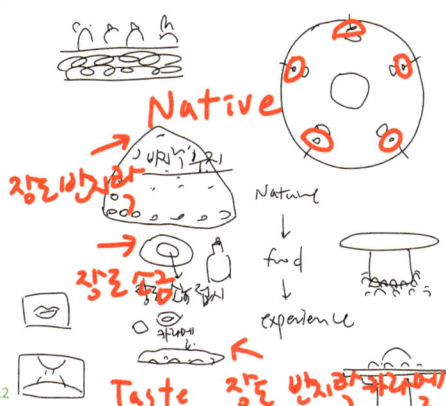

1 반지락 카라멜 _ 로고 드로잉
2 반지락 카라멜 _ 로고는 작업을 상품처럼 보이게 해 관객에게 친근하게 다가간다.
3 현대화된 다리로 뭍과 연결된 장도
4 장도 모양의 접시 프로토타입
5 바지락 껍데기에 카라멜을 구우면 바지락 살이 익을 때처럼 통통하게 부풀어 오른다.
6 장도 갯벌에서 캔 바지락
7 전시장에 오신 네 분의 장도 할머니와 나. 고향에 다시 올 수 있게 해주어 고맙다고 하신 말에 내가 울컥해버렸다.
8 접시는 뚝배기 흙을 사용해 직화가 가능하다.
9 전시 오프닝에서는 반지락 카라멜을 구워 나누어 먹었다.
10 반지락 카라멜은 한 입에 껍데기까지 넣고 우물거리다 뱉는다. 의도적 불편함과 이물감은 달콤함 이면을 감각하게 한다.
11 반지락 카라멜 _ 컨셉 이미지. 다섯 할머니를 위한 식탁이자 모두를 초대하는 둥근 테이블이었다.
12 반지락 카라멜 _ 현장 설치를 위한 스케치
13 반지락 카라멜 _ 전시 전경

1 **Banjirak Caramel** _ Logo Drawing
2 **Banjirak Caramel** _ The logo makes the work look like a product, making the audience curious about the work.
3 Jangdo, connected to the mainland by a modernised bridge
4 Jangdo-shaped plate prototype
5 When caramel is baked in the shells of clams, they swell up like the flesh of a clam as it cooks.
6 Clams collected from the mud flats of Jangdo
7 The four grandmothers of Jangdo and I at the exhibition hall. I was moved when they thanked me for allowing them to return to their hometown.
8 The plates are made of clay and can be used for direct fire cooking.
9 At the exhibition opening, we baked and shared Banjirak caramel.
10 Banjirak caramel is eaten with the shell in one bite and then spit out. The intentional discomfort and foreign feeling express the theme.
11 **Banjirak Caramel** _ Concept image. It was a dining table for five grandmothers and invited everyone.
12 **Banjirak Caramel** _ Sketch for on-site installation
13 **Banjirak Caramel**_ Exhibition view

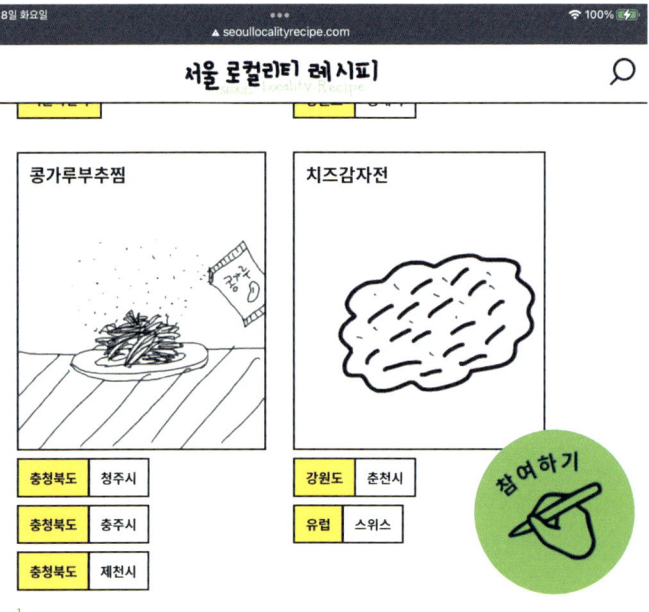

1

2

3

1 서울 로컬리티 레시피 _ 웹싸이트에는 입력한 레시피마다 작성자가 태그한 지역들이 같이 보이도록 했다.
2,3 현장 워크숍을 통해 다양한 분들과 입맛 정체성이 담긴 레시피를 입력했다. 레시피들은 웹싸이트를 통해 실시간 수집, 분류, 공유되었다.
4 서울 로컬리티 레시피 _ 웹싸이트는 크게 '레시피 입력하기'와 입맛 정체성을 지역과 지역성으로 구분해 볼 수 있는 '국내 지도 보기', '세계지도 보기' 탭으로 구성되었다.

1 On the Seoul Locality Recipe website, the regions tagged by the author are displayed for each recipe submitted.
2,3 Through community workshops, I collected recipes from a wide range of people with unique tastes. The recipes were collected, classified and shared in real time through the website.
4 Seoul Locality Recipe _ website is largely divided into the 'Enter Recipe' tab and the 'View Map of Korea' and 'View World Map' tabs, which allow you to view the flavours of different regions and areas.

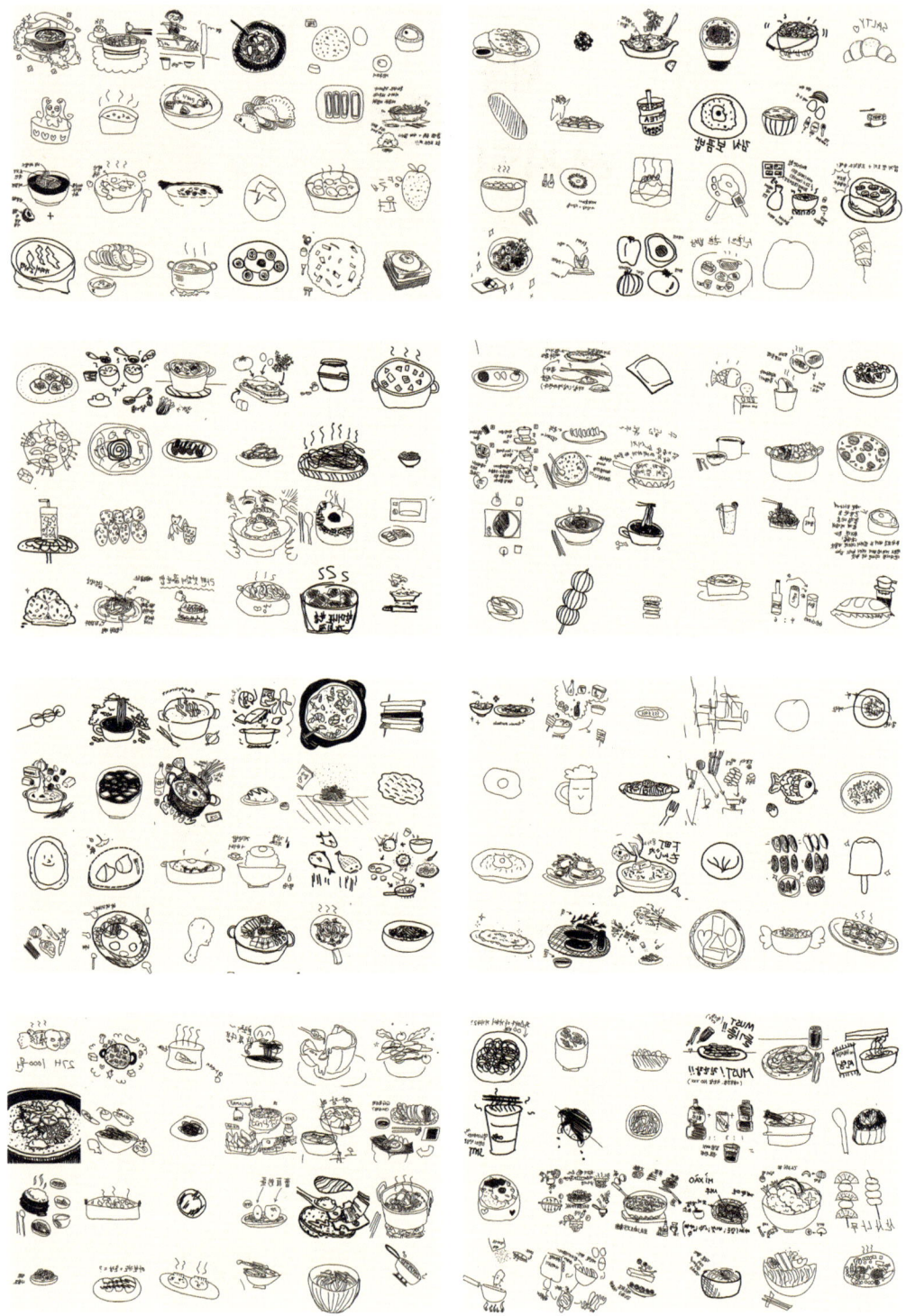

© 안과안 ©AnAnndAn.Daerim

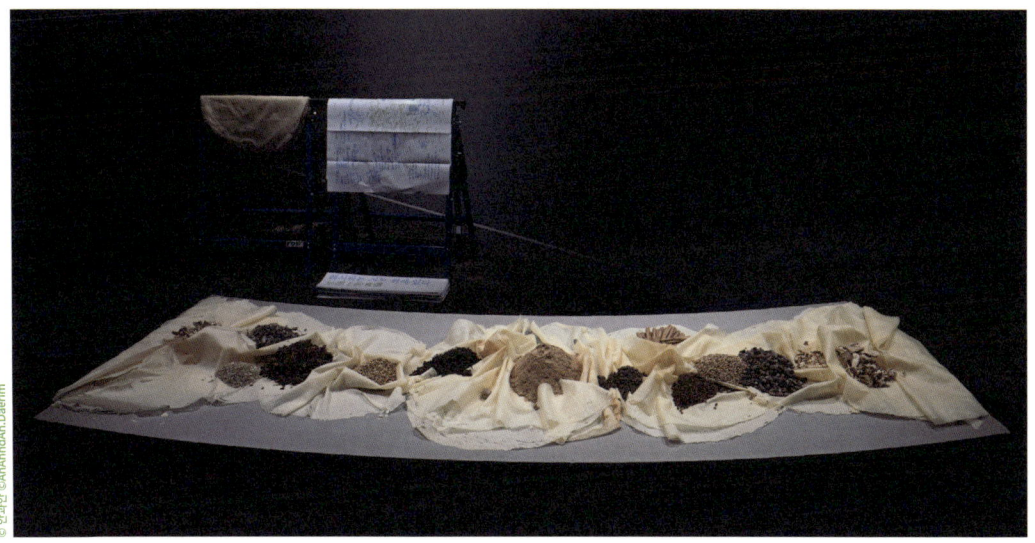

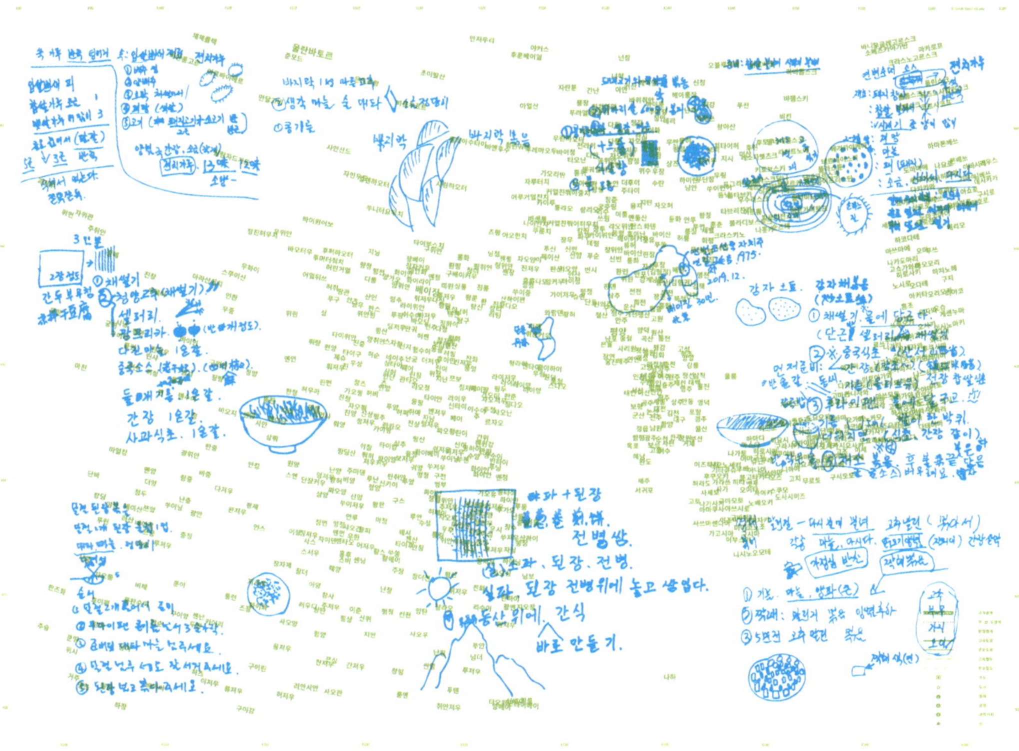

2

1 **서울 로컬리티 레시피** _ 입력된 레시피 드로잉 일부. 전시 기간동안 총 411개의 레시피가 모였다.
2 **레시피는 지도 위에 있다** _ 전시 설치 및 지도 이미지

1 **Seoul Locality Recipe** _ A part of the drawn in recipe. A total of 411 recipes were collected during the exhibition.
2 **Recipes on the map** _ Installation for the exhibition and Image of the represnted Map

음식은 이랬다저랬다하는 콘텐츠

인류는 무엇을 먹을지, 무엇은 먹지 않을지 늘 인간 중심적으로 결정해 왔다. 음식이라는 렌즈를 통해 개인과 사회를 들여다보는 것이 가능한 이유도 모든 음식에는 인간의 의도가 있기 때문이다. 음식이 무기가 되어 세상을 위협하기도 하고 반대로 세상을 지속 가능하게 할 수 있다는 말의 근거도 여기에 있다.

그래서 음식을 콘텐츠의 관점으로 볼 필요가 있다. 식경험 디자인을 하려면 더욱 그렇다.
콘텐츠를 사고팔 수 있는 유무형의 재화라고 정의한다면 제품과 서비스를 포함한 음식 상품들은 모두 콘텐츠이고 음식을 콘텐츠로 본다는 것은 모든 음식에 깃든 인간의 의도와 욕망, 상품 제작자의 의도와 소비자의 욕구를 함께 읽어낸다는 뜻이다.
여기서 내가 특별히 눈여겨보는 것은 음식 콘텐츠가 음식의 본질과는 별개로 언제든지 얼마든지 변화할 수 있는 속성이다. 어제는 와인이 건강을 해치는 나쁜 음식이라고 했다가 오늘은 와인이 건강에 좋은 이유를 말하는 정반대의 기사가 계속 반복될 수 있는 이유다. 누가 어떤 의도로 음식을 이야기하는가에 따라 음식이라는 콘텐츠는 팔리기도 팔리지 않기도 한다.

한동안 조리 노동에서 여성을 해방해 주는 마법과도 같은 것이었다가, 돌연 절대 넣어서는 안 되는 화학 물질이 되었다가 다시 이제는 동물 복지와 환경을 생각하는 의식 있는 소비자의 가성비 조미료가 된 화학조미료의 변천사가 그 중 하나다. 화학조미료의 물성은 변한 적 없지만 콘텐츠의 양상은 시대에 따라 다르게 소구 되고 소비되어 왔다.
산업화 이전의 시대에 가난한 자들의 음식이었던 거친 통곡물과 채소 위주의 식생활이 지금은 돈과 시간의 여유가 있는 자들의 건강식이 되고 그때의 부자들이 먹던 비싼 향신료와 조미료로 범벅이 된 육류 위주의 정제된 음식들이 지금 우리가 가장 저렴하게 살 수 있는 음식임을 생각해 보아도 그렇다. 이런 예는 수없이 많다.
결국 모든 음식은 누군가의 의도와 욕망이 만나는 지점에서 소비되는 콘텐츠다.
그러니 식경험 디자인을 할 때 소비자의 정체성에서 빗어나, 음식을 둘러싼 모든 이해관계자의 의도와 욕구를 두루 파악하려는 '전지적 작가 시점'을 잃지 않으려 한다.

강원도 원주의 화전민 집터에서 진행된 입말음식 행사에서 선보였던 **감자를 위한 인스타그램 키트 (2018)** 는 콘텐츠로서의 음식이 본질과 별개로 얼마든지 유통 소비될 수 있다는 점을 이야기해보기 위한 것이었다.

'강원도 하면 감자'라는 지역과 특산물의 고착된 관계에 이질적 요소를 슬쩍 끼워 넣어보기로 했다.
참여자들은 주어진 키트의 재료들을 사용해 강원도 감자 겉면에 알록달록한 설탕을 붙여서 호기심을 불러일으키는 모습을 만들고 화전민 터 곳곳에 꽂아 그 장소에서 자라고 있는 듯한 느낌으로 사진으로 찍고 인스타그램에 올려보도록 했다.

'인스타그래머블한 감자 품종, 강원도 원주에서 최초 발견' 이라는 제목으로 미디어에 유통한 이 게시물은 사람들로부터 실시간 '좋아요'와 댓글을 받았다. 인스타그램에서 유명해지기 위한 감자는 흥미로움 그 자체의 콘텐츠로 너무나 쉽게 받아들여졌다.

좋은 음식, 나쁜 음식은 없다

좋은 음식, 나쁜 음식은 허상이다.
탓하거나 찬양할 대상을 정해놓으면 나의 문제를 그리로 돌리기 편리하겠지만 애초에 음식의 가치는 사람이 만들었으니, 그것이 좋거나 나쁜 것이라면 모두 인간이 그렇게 만든 것이다.
공공의 적으로 낙인찍힌 소금과 설탕, 엄밀히는 단맛과 짠맛만 해도 그렇다. 과연 짠 음식과 단 음식에 죄를 물어야 할까? 아니면 그런 음식을 만든 사람과 무분별하게 소비하고 있는 사람에게 잘못과 책임이 있을까?
식경험 디자인은 이 부분에서 분명한 태도를 갖는다. 음식 경험의 주체가 먹는 존재, 인간이므로 문제의 원인은 음식이 아닌 인간에게로 향해야 함을 인지하는 것이다.

개인이 삶에서 통제할 수 있는 몇 안 되는 것 중 하나가 음식, 먹는 것이기 때문에 인간은 음식을 통해 필요 이상의 많은 것을 해결하고자 하는 경향이 있다고 한다. 음식을 통해 외로움이나 스트레스를 해소하고 일상의 만족감을 얻거나 소속감을 느끼려는 욕망 등 말이다.

하지만 음식은 음식일 뿐이다. 음식은 죄가 없다. 좋은 음식, 나쁜 음식의 구분은 먹는 존재로 향해할 관점을 흐려놓기만 할 뿐이다.

모든 음식의 문제는 원인도 해결 방법도 인간이 쥐고 있다. 식경험 디자인은 언제나 먹는 존재, 인간을 향해있다.

새는 바가지 (2020)는 공공예술 프로젝트 ≪소요의 시간≫에 참여하며 만든 식경험이었다.

이때 나는 대상 지역이었던 부산의 수정산과 수정동에서 두 종류의 물을 발견하게 되었다. 수정산이라는 자연에 존재하며 자연의 법칙을 따라 위에서 아래로 흐르는 물, 산 아래 사람들이 모여 살게 되면서 산의 물을 끌어다 쓰는 과정에서 만들어진 노출 배수관의 형태와 산으로부터 내려온 물길이 만든 골목의 형태에서 보여지는 인간의 물이 그것이었다.

인간이 물을 사용하기 위해 자연을 이용하기도 하고 따르기도 하는 두 힘 간의 밀고 당기김이 남긴 흔적들에서 '먹는다'의 인간성을 발견할 수 있었다.

인간이 물을 마시기 위해 취하는 모든 무의식적 의식적 행동들이 자연의 법칙을 따르는 물과 함께 어떤 상호작용을 일으키는지 보기 위해 나는 멀쩡한 물바가지에 구멍을 내고 사람들에게 하나씩 주며 물을 담아 마셔보도록 했다.

문제 상황을 마주한 참여자들은 구멍을 손가락으로 막고 마시기도 하고 구멍이 나지 않은 쪽으로 조금만 물을 고이게 해서 마시거나 물이 새어 나가기 전에 재빨리 물을 마시다가 얼굴에 물을 쏟기도 했다.

그 순간 우리가 마시기 위해 취한 의식적 행동들은 구멍 난 바가지에 담긴 물은 모두 새어 나가버릴 것이라는 자연의 법칙을 이해하고 있기 때문에 그것을 이용하되 자신의 의도를 관철하기 위한 의도적 행동이었다.

그리고 여럿이 모여 약간의 물이 영원히 바닥에 떨어지지 않고 계속 흐르도록 하는 행동을 함께 만들어보았다. 새는 바가지에서 떨어지는 물을 다른 새는 바가지가 밑에서 계속 받쳐주고 맨 마지막 바가지는 다시 맨 꼭대기로 위치를 옮겨주며 한동안 물은 바닥에 떨어지지 않고 흘렀다.

새는 바가지는 '먹는다'는 것이 얼마나 인간적 행위인지, 먹는 존재로서의 자아를 인식하게 했다.

Food is fickle content.

Human-centred choices have determined what to eat and what not to eat. We can look at ourselves and societies through the lens of food, because food is the result of human intentions. This is why it is said that food can be used as a weapon to threaten the world or it can be used to save the world.

So I think we need to think of food as content. If we define content as a tangible and intangible good that can be bought and sold, then all food products and services are content, and to see food as content is to read the human intentions and desires that are embedded in all food, the intentions of the product creator and the desires of the consumer.

What I'm particularly interested in here is how fickle food content can be. You could have an article yesterday saying that wine is a bad food that damages your health, and then the exact opposite article today. This can happen because food content can sell or not sell depending on who is talking about it and with what agenda.

This is one of the many stories of the evolution of the perception of MSG in Korea, which was once a magic dust to free women from backbreaking cooking labour until the 1980s, then suddenly became a chemical that should never be added in the 1990s, and suddenly became a cost-effective seasoning for conscious consumers who care about animal welfare and the environment in recent years. The nature of MSG has never changed, but the content has changed with the times.

Consider that the plant-based diets that were the food of the poor in pre-industrial times are now the healthy food of those with the time and money to afford them, and that the refined, high-calorie foods of the rich are now the cheapest foods we can buy today.

Ultimately, all food is consumed at the intersection of someone's intentions and desires. So when I design a food experience, I try to maintain the 'omniscient author's perspective' to count all the intentions and desires of all the stakeholders in the food problems I need to solve.

I made **Instagram kit for a potato (2018)** and held a public event in a slash-and-burn farming town in Wonju, Gangwon Province. The area is well known for potatoes, but the fame has been created and promoted mainly by the government to promote local food. Now the image of potatoes is too strong and people cannot think of other attractions of the province. So I tried to talk about how the image of food can actually be consumed regardless of its nature.

The idea was to inject an alien element into the stuck relationship between the province and potatoes, using the materials in the kit, participants were asked to stick colourful sugar sprinkles on the outside of potatoes to create a curious look, and to place them around the site to make it feel like rare and instagramable potatoes were growing there, and to take pictures and post them on Instagram.
The post, titled "Instagrammable Potato Variety First Discovered in Wonju, Gangwon Province" was shared with the media and received likes and comments from people in real time. The potato's Instagram fame was so easily accepted as an interesting piece of content in itself.

There is no good or bad food.

There is no such thing as good or bad food. Good or bad food is just an illusion.
It's convenient to have things to blame or praise, but the value of food is created by humans in the first place, so if it's good or bad, it's because humans made it that way.

Let's talk about salt and sugar, which have been marked as public enemies that threaten public health. Salty and sugary foods deserve to be blamed? Or should we blame the people who produce them and consume them irresponsibly?

Food experience design takes a clear stance on this. It recognises that the subject of the food experience is the eater, and therefore the problem should be directed at the person, not the food.

It is said that people tend to use food to satisfy many more needs than they need. Whether it's to soothe loneliness or stress, to get daily satisfaction, to feel a sense of belonging, etc. But Food is not sinful. Food is just food. The distinction between good and bad food depends only on our perspective. So all food problems are caused and solved by people. Food experience design always focuses on the eater rather than the food itself.

Leaky Bagaji (2020) was a food experience created while participating in the public art project <<Time of ramble>> in Busan, Korea.

At that time, I discovered two kinds of water at the research site, Mt. Sujeong and village at the foot of a mountain. There was the water

that exists in nature, which flows from top to bottom according to the laws of nature, and the human water, which can be seen in the form of exposed drainage pipes and alleys created by the process of using water from the mountain when people gathered and lived under the mountain.
The human intention of 'eating' is found in the traces left by the push and pull between the two forces of nature, where man uses and follows nature to use water.

To see how all the unconscious and conscious actions people take to drink water interact with water itself, which obeys the laws of nature, I made random holes in water cups (bagaji) and gave them to each person to use for drinking. When confronted with the problem, the participants would either plug the hole with their finger and drink, allow a small amount of water to pool on the unpierced side and drink, or quickly drink the water before it leaked and splashed on their face. The conscious actions we took at that moment to drink were intentional actions based on an understanding of the Law of Nature.

Then small groups of participants gathered with leaky cups and carried out a mission to keep a little water flowing without letting it fall to the ground forever. The water dripping from the leaky cup would be caught by another cup underneath, and the last cup would be placed on top, and for a while the water would flow without falling to the ground. This public performance made me realise how human it is to 'eat'.

1

2

3

4

5

1 감자를 위한 인스타그램 키트 _ 구성품
2 워크숍 전경
3 인스타그래머블하게 만든 감자는 화전민 터 곳곳에 실제로 자라고 있는 듯한 모습으로 연출했다.
4 동네 어르신은 지나가시다가 설탕 알갱이가 든 키트를 보시고 실제 신품종 감자 씨앗인 줄 아셨다고 한다.
실제 종묘사에서 판매하는 종자 중에 이런 색으로 약품처리된 종자들이 있다는 것을 알고 계셨기 때문에 가능한 반응이었다.
5 인스타그래머블하게 만든 감자

1 **Instagram kit for a potato** _ Components
2 Workshop view
3 The Instagrammable potatoes were arranged to look as if they were actually growing in the area where the slash-and-burn farmers lived.
4 An elderly woman in the neighbourhood saw the kit containing sugar granules and thought it was a new variety of potato seed. This was a possible reaction because she knew that there were seeds with coloured chemical coatings among the seeds.
5 Potatoes made Instagrammable.

40

새는 바가지 _ 영원히 흐르는 물 만들기
Leaky Bagaji _ Making water that flows forever

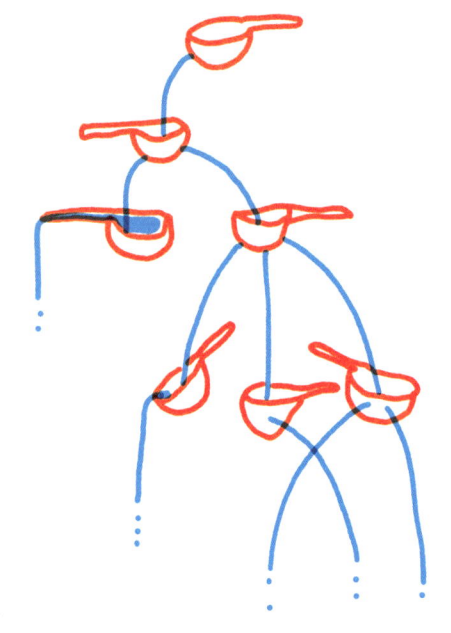

1

2

3

4

1   **새는 바가지** _ 아이디어 스케치
2,3 수정동은 부산천변을 따라 만들어진 동네이다. 부산천이 복개되면서 만들어진 골목에는 집집마다 밖으로 나와있는 하수관들이 만들어내는 독특한 풍경을 볼 수 있다. 골목은 물을 다루려는 의도들이 남긴 흔적으로 가득하다.
4   수정동. 호스에서 나오는 물을 고무통에 받기 위해 물조리개를 이용했다. 물은 위에서 아래로 흐를 뿐이지만 인간은 요리조리 끌어다 쓴다.
5   **새는 바가지** _ 세트. 물 바가지에 낸 구멍의 갯수와 위치는 모두 다르다.
6   **새는 바가지** _ '영원히 흐르는 물 만들기'의 다양한 모습들

1   **Leaky Bagaji** _ Idea Sketch
2,3 Sujeong-dong is a neighbourhood built along the stream. Villiage created when the stream was covered, you can see a unique landscape created by the sewage pipes that extend out of each house. The alleys are full of traces of the intentions of those who tried to deal with water.
4   Soojung-dong. A waterign can was used to collect water from the hose into a rubber bucket. Water only flows from top to bottom, but humans use it in all sorts of ways.
5   **Leaky Bagaji** _ The number of the holes in the bagaji varied.
6   **Leaky Bagaji** _ Various forms of 'making water that flows forever'

5

6

43

먹을 수 있는가, 없는가의 질문

음식에 대해 던질 수 있는 가장 인간적 물음은 무엇일까. 나는 먹을 수 있는가, 없는가의 질문이라고 생각한다.
숲을 산책하다가 친근한 형태의 풀이나 버섯을 발견했을 때나 냉장고 구석에서 오랫동안 방치되어 있던 정체 모를 것을 발굴해 냈을 때에 우리는 본능적으로 '이거 먹을 수 있나?' 를 생각한다. 먹을 수 있는 것과 없는 것의 구분과 경계를 정하는 문제 앞에서 인간은 먹는 존재로서의 원초적 본능을 드러낸다.

태초로부터 인류는 끊임없이 이것이 먹을 수 있는지 없는지 구분해야 했고 독초와 나물을, 발효와 부패를 잘 구분하지 못해 탈이 나거나 목숨을 잃는 수많은 이를 교훈 삼아, 치명적인 독마저도 온갖 방법으로 제거하고 별미로 즐기는 지금에 이르렀다.

음식과 비(非)음식을 구분하는 데는 냄새가 큰 역할을 해왔다. '냄새 맡기'는 인간을 포함한 후각을 가진 동물들이 먹이를 구분하는 가장 강력한 탐지 감각이었는데 인간은 이 기능을 거의 잃어버렸다고 한다. 식품의 포장지를 읽고 음식을 사 먹기 시작하면서부터다.

음식이 산업화되면서 마을 안에서 서로 알고 먹던 음식은 공장과 유통을 거쳐 마을 밖으로도 나가게 되었다. 한번도 가본 적 없는 다른 나라에서 누군지 모르는 사람이 만든 음식도 먹을 수 있게 되면서 직접 설명할 수 없는 것들을 음식을 싸는 포장에 그림이나 사진, 상표나 홍보 문구로 표현하게 된 것이 식품 브랜드의 시작이다. 그러니 이럴 때 먹는 이의 감각은 음식이 어디로부터 어떻게 내 접시 위에까지 올라왔는지의 맥락보다는 오직 접시 위에서만 발동되었고 그 대가로 스스로 내 앞에 놓인 먹이를 탐색하는 인간의 본능은 거의 퇴화하였다고 해도 과장이 아니다.

그렇기 때문에 나는 먹을 수 있는가, 없는가의 질문을 끈질기게 던져야 한다고 생각한다. 다양한 우리가 모여 무엇을 먹을만한 것, 먹어야 할 것으로 여길지에 대한 고민과 질문

을 놓아버린다면 우리는 사거나 사지 않거나의 두 가지 선택 속에서만 사는 순순한 소비자에 머물게 될 것이다. 그럴듯한 포장 안에 들어있다고 모두 먹을 만한 것이 아니고 바닷가에 버려져 있는 것처럼 보이는 것들도 음식일 수 있는데 말이다.

먹을 만한 것인가 아닌가의 질문은 더 나은 제품이나 식당을 선택하는 능력만이 아니라 무엇이 먹을만한 것인지 스스로 먹이를 결정하려는 인간 존재론적 문제이다.

내가 이 주제를 생각하며 처음 만들었던 식경험은 2021년 부산 영도의 바닷가에서 진행했던 **비치코밍[1] 캔디 (2021)** 이다. 실험실C가 기획한 공공예술 프로젝트 ≪부유의 시간≫에 참여하여 다양한 분들과 여러 차례 영도의 해안을 걸었다.
그때마다 인상적이었던 것은 어디선가 떠밀려온 해양 쓰레기들과 김, 파래, 미역, 다시마 같은 해초들이 한 장소에 얽혀 널브러져 있는 해안의 모습 그리고 그사이를 걷는 세 부류의 사람들이었다.
쓰레기가 눈에 보일 때마다 눈살을 찌푸리는 사람, 반대로 해안에 쓰레기가 있는 것은 당연하다는 듯이 아무렇지도 않게 여기는 사람 그리고 그 사이에서 뭍으로 밀려온 미역과 다시마를 주워가는 사람들.

같은 장소라도 누군가에게는 먹이 채집의 장소, 또 다른 이에게는 풍경일 뿐이라는 놀랍지도 않은 사실과 또 쓰레기와 같은 장소에 있었던 것을 목격한 것만으로 그 해초들을 더 이상 먹을 수 있는 것으로 상상할 수 없었던 것으로부터, 나는 먹을 수 있음과 없음에 대해 나름 갖고 있다고 생각한 분명했던 감각에 혼란을 느꼈다.
이 혼란함이 관객과 공유할 식경험이어야겠다고 느꼈다. 영도 해안이라는 장소가 바다와 육지의 경계이자 비(非)음식과 음식의 구분이 엉켜있는 경계였으니 먹을 수 있는 것과 없는 것의 질문을 하기에 완벽한 장소였다.

나는 영도의 해안가에 주워 온 것들로 사탕을 만들어주는

[1] Beachcombing은 해안 쓰레기를 줍는 행위

비치코밍 캔디 부스를 설치했다. 참여자들이 해안가를 걸으며 먹을 수 있는 것과 없는 것으로 생각하는 것들을 주워 오면 나는 녹인 사탕을 접착제 삼아 가져온 여러 가지 것들 위에 부었다. 녹았던 사탕이 다시 굳으면서 먹을 수 없는 것과 있는 것들은 한 덩어리로 엉겨버린 문제적 사탕이 되었다. 그리고 그것을 가져온 이로부터 어떤 질문이 돌아오길 기대하며 건넸다. '이것을 … 먹나요?' 내가 기다렸던 질문이었다. 그 순간 그들은 먹을 수 있는가, 없는가의 물음 앞에 섰던 것이다.

이후 나는 먹을 수 있는가 없는가로부터 지금의 인간이 음식과 맺고 있는 관계를 좀 더 들여다보고 싶었고 팩토리2의 퍼블릭 아트 프로젝트 ≪돌고 돌고 돌고≫를 통해 이 질문을 다시 해볼 수 있었다. 주운 것들로 담금주를 만드는 **줍줍주의 순환적 생애 (2021-2022)** 였다.

서울 인왕산 수성동 계곡과 파주 심학산 일대의 두 지역을 번갈아 여러 계절을 거치며 참여자들과 그 장소에서 주운 것들로 담금주를 만들고 이것이 음식인지 아닌지를 스스로 결정해 라벨에 표기하는 워크숍 시리즈를 진행했다. 영도 해안가에서 주울 수 있었던 것들이 쓰레기와 해초였던 것에 비교하면 도시의 숲에서 주울 수 있었던 것들도 비슷했지만 쓰레기, 못 먹을 것들의 비율이 압도적으로 많았다. 특히 70년대 아파트를 짓기 위해 훼손되었다가 겸재 정선의 그림을 토대로 다시 복원된 자연인 인왕산 자락의 수성동 계곡에서는 타일 조각이나 철근과 같은 건축물의 잔해들도 많이 채집되었다.

그런 것들을 알코올 함량이 높은 증류주에 담가 물질의 성분을 술에 녹여내는 담금주로 만들었다. 나는 이런 것들을 넣어 담근 술을 참여자 대부분이 먹을 수 있을 것으로 판단하지 않을 것이라 예상했지만 놀랍게도 많은 경우 스스로가 넣은 것들을 알고도 먹을 수 있는 음식으로 표기했다.

그 순간의 나는 속으로 당황했지만, 그 자리에서 이유를 묻지는 않았다. 시간이 지날수록 무언가가 우러나와 담금주의 색이 점점 진해지고 어떤 것들은 곰팡이가 피어나는 것을 보면서 두려움을 느꼈다.
먹을 것과 먹지 못할 것을 탐색하는 우리의 본능이 오작동하고 있다는 가설이 점점 선명히 확증되는 것처럼 느껴졌기 때문이었다.

To eat or not to eat, that is the question.

What could be one of the most humane questions about food? I think it could be the question of whether to eat or not to eat. When we find familiar-looking wild plants or mushrooms in the woods, or discover long-abandoned things in the fridge, we instinctively ask 'Is this edible?' The question reveals the fact that we humans, as eaters, are also predators.

Since the beginning of time, mankind has always had to distinguish between edible and inedible, learning from the many people who have been poisoned to death and now evolving to the level of enjoying them as delicacies, using all sorts of methods to remove even deadly poisons such as blowfish.

Smell has always played a major role in this process of distinguishing food. It was the most powerful sense for olfactory animals, including humans, to identify food, but only humans have largely lost this ability since buying food with reading labels on the package.
In pre-industrial times, food was known and eaten in the village. You knew what you were eating.
But food is sold out of the village through the mass production system, and food has to tell its own story, and that is how food packaging has evolved. Now we recognise food by reading the packaging. I suppose that takes away the context of the food, where and how it came to be on my plate, and in turn the human instinct to explore the food has almost been lost.

That's why I think we have to keep asking the question: to eat or not to eat. Otherwise we will be naive consumers, living in a world with only two choices: to buy or not to buy.
The question of what is edible or not edible is not just about the ability to choose a better product or a better restaurant, it is an ontological question of human beings trying to decide for themselves what is edible.

The first food experience on this theme was **Beachcombing Candy (2021)**, which was held on the beach in Yeongdo, Busan Korea. I participated in the public art project <<Time to ramble: the sea>>.

I walked along the seashore of Yeongdo Island several times to research the site, and what struck me was the huge amount of marine trash tangled with seaweed, and I could find three types of people among them: those who complained when they saw trash, those who took it for granted that there was trash on the seashore, and those who were looking for seaweed to eat. For one person the coast was where the food was, for another it was just scenery.

I felt confused about how we could have different perspectives on food in the same situation. I decided that this confusion should be a theme of the experience. In this sense, the seashore was the perfect place to ask the question of what is edible and what is not, because the seashore is the boundary between sea and land, and the boundary where the distinction between non-food and food becomes intertwined.

I set up a 'beachcombing candy booth' in the middle of the shore. As participants walked along the shore, collected what they thought were edible and inedible objects and gave it to me, and I poured melted candy onto the arranged objects, making an assemblage of 'beachcombing candy', consisting of inedible parts and edible parts stuck together to form an inseparable whole.

I handed them out, saying "Here is your beachcombing candy". And people asked me, "Should I eat this?" That's the question I was waiting for. Because the participants were confronted with the question of ontology as eaters at that moment.

I wanted to look more into the relationship we have with food now, and I got the chance to make the project **A life cycle of foraged spirit (2021-22)** to participate in a public art project <<Turn Turn Turn>> organised by 'Factory2'.

This time I made a series of public workshops to make infused liour with foraged objects in the metropolitan city of Seoul. From February to May, I held a series of workshops in two different areas, the Suseongdong valley of Mt. Inwang in Seoul and Mt. Simhak in Paju, where participants made liquor from the foraged items. I prepared a label with a food/non-food box and let the participants tick one of the boxes according to their choice.

The result was surprising. The majority of the participants marked the liquor as edible, even though they knew what it was made of. Especially in the Suseong-dong valley at the foot of Mt. Inwang, we found a lot of definitely inedible items, such as broken pieces of porcelain tiles, metal wires, because the area used to be a residential area in the 1970s that was restored to the valley as part of the city's development scheme. And people used it to make the liquor and decided it was edible. After all the workshops, more than 30 infused liquors had been made, and soon the colour of the liquor looked very similar to whisky, and I was frightened because I knew where the colour came from. Over time, some of them started to go mouldy, as if something was brewing or going bad.

Either way, the results showed that our instinct to distinguish food was not working properly, especially in the city.

비치코밍 캔디　**Beachcombing Candy**

48

1 **비치코밍 캔디** _ 해초와 쓰레기가 엉겨있는 문제적 사탕
2 참여자들은 영도 해안을 걸으며 먹을 수 있는 것과 없는 것을 주워오는 미션을 받았다.
3 영도 해안에서 참여자들이 주워온 것 중 일부
4 비치코밍 캔디를 만들어주는 부스를 영도 해안에 설치했다.
5 주워온 것들 위에 녹인 사탕을 붓고 굳힌다.
6 그렇게 만들어진 비치코밍 캔디를 다시 참여자들에게 준다.
7,8 다양한 비치코밍 캔디들

1   **Beachcombing Candy** _ The candy made from seaweed and garbage.
2   The participants were given the task of picking up items that could and could not be eaten while walking along the Yeongdo seashore.
3   Some of the items picked up by the participants on Yeongdo Beach.
4   A booth was set up on Yeongdo Beach to make Beachcombing candy.
5   Pour the melted candy over the collected items and let it harden.
6   Give the resulting Beachcombing Candy back to the participants.
7,8 Various Beachcombing Candies.

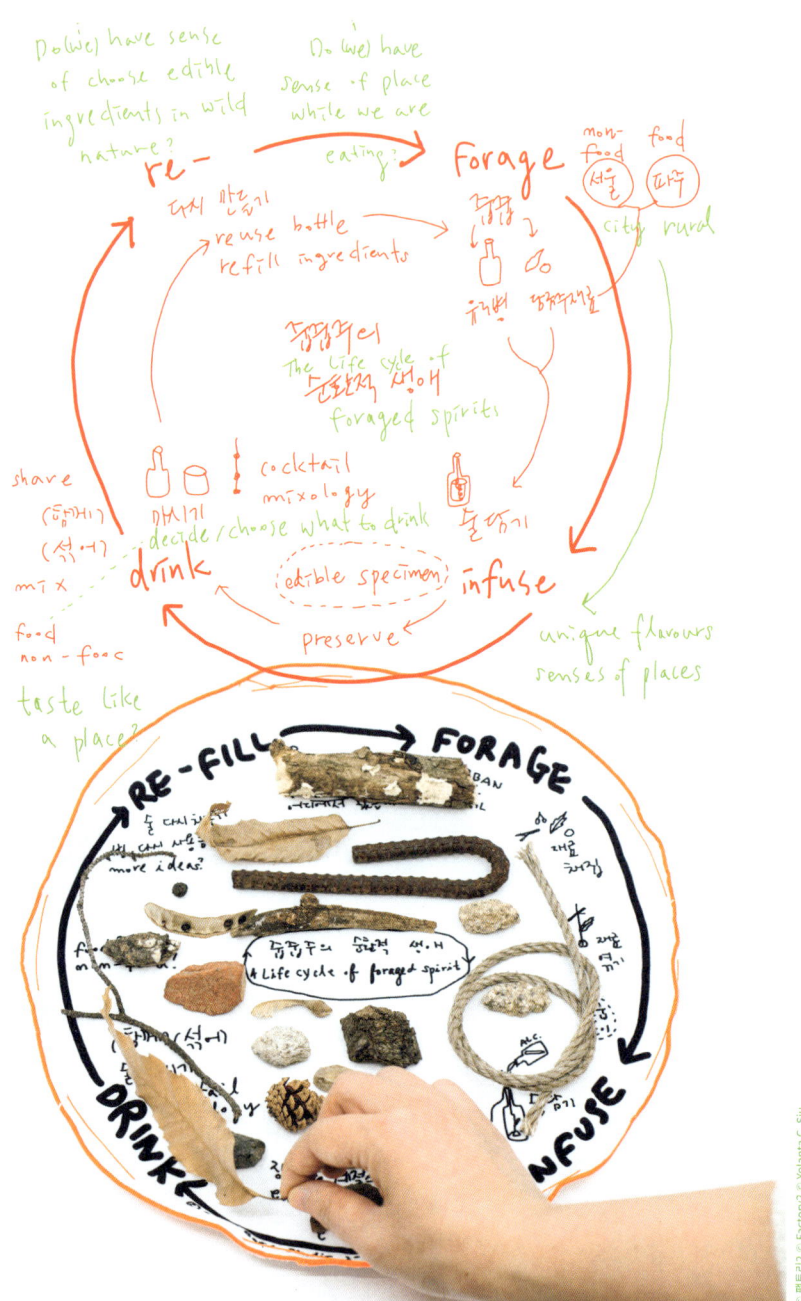

1 즙즙주의 순환적 생애 _ 아이디어 스케치. 푸드 시스템의 순환과 먹을 수 있는 것과 없는 것의 질문 등을 놓고 고민했다.
2 즙즙주의 순환적 생애에 사용한 채집 주머니. 가장자리의 끈을 잡아 당기면 복주머니 형태로 오므라든다. 채집 주머니에는 활동의 의미와 내용, 구체적인 활동의 지시, 레시피에 대한 내용이 적혀있다.
3 즙즙주의 순환적 생애 워크숍을 통해 만들어진 채집 담금주 중 일부.

1 **A life cyle of foraged spirit** _ Idea Sketch. I thought about the food system and the sensing food and non-food.
2 A foraging bag specially designed for the project. Pull the string on the edge to make it fold into a pouch. The instructions of the activity printed on foraging bag.
3 Some of liquor made through the Workshop.

즙즙주의 순환적 생애 _ 워크숍 시리즈의 풍경들   A life cycle of foraged spirit _ Scenes from the Workshop Series

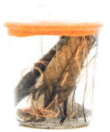

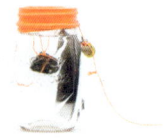

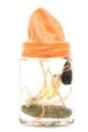

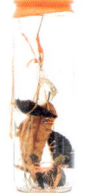

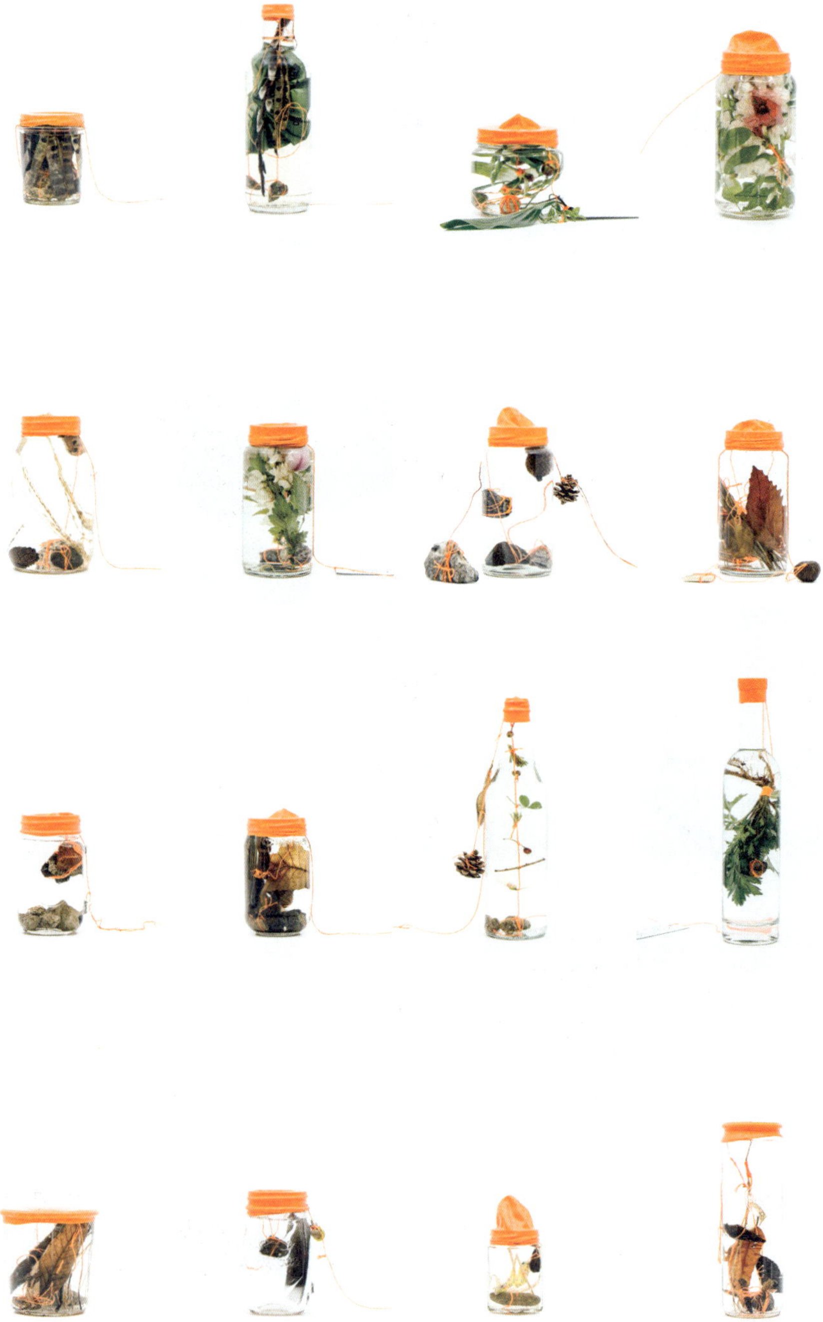

© 팩토리2 © Factory2 © Yolanta C. Siu

줍줍주의 순환적 생애 _ 워크숍 시리즈의 결과물들

A life cycle of foraged spirit _ The results of the workshop series

즙즙주의 순환적 생애 _ 전시   A life cycle of foraged spirit _ Exhibition

채집과 토종, 값없음의 값어치

식경험 디자인을 하면서 나는 채집과 토종에 다시 관심을 갖게 되었다.
특히, 돈이 직접적 매개가 되지 않고 오직 축적된 경험과 관계, 신뢰를 바탕으로 거저 얻어지는 이 '공짜 음식'들은 혁명적으로 느껴지기까지 한다.

채집은 공짜 음식이다. 어린 시절의 기억을 더듬어 봐도 쑥과 냉이는 으레 봄이 되면 들과 산에서 뜯어 먹는 것이었다. 지금은 임산물 채집 금지 현수막이 웬만한 산책로와 등산로마다 붙지만, 그럼에도 눈에 보이는 널려있는 공짜 음식을 지나칠 수 없는 채집 민족의 본능을 완전히 제지하기는 어려워 보인다. 특히 채집이 계절의 일상적 활동이던 우리의 윗세대에게는 더욱 그렇다. 나에게도 봄은 매주 할머니가 캐서 보내주는 온갖 나물이 든 큰 자루를 저녁마다 다듬는 엄마의 모습과 그걸 삶고 말리는 냄새의 기억이다. 집에는 일 년 내내 먹을 나물이 떨어지지 않았다. 나물은 돈 주고 사 먹는 것이 아니었다.

토종도 공짜 음식이다. 토종 씨앗을 처음 접했을 때 내가 가장 놀랐던 점은 그걸 심어 먹을 땅과 능력만 있다면 평생 공짜로 먹는 거나 다름없다는 사실이었다. 그렇다면 지금까지 내가 알고 있던 종묘사, 종자 회사들은 다 뭐지?
씨앗이 상품이 되어야 하므로 인위적으로 불임의 씨앗들을 만들어 매년 사고팔 수 있게 만든 것이라는 사실은 당시 큰 충격이었다. 세상이 어떻게 돌아가고 있는지 몰랐던 것이었다.

음식을 얻을 방법으로, 돈으로 모든 음식의 가치를 교환하도록 한 지금의 시스템이 과연 누구에게 최선인지에 대해서도 다시 생각해 보게 되었다.
자본주의의 사고방식으로는 토종 종자와 채집의 필요와 유익과 효용을 설명할 수 없지만 우리가 지향하려는 지속 가능함이 지금의 산업적 구조 안에서 불가능하다고 느껴진다면 그 틀에서 벗어나 있는 채집의 경험, 토종 종자의 경험은 그런 시스템에 균열을 낼 수 있는 일처럼 여겨진다. 원래 음식은 돈을 주고 사지 않아도 얻을 수 있었다는 사실 말이다.

지금도 토종 씨앗들, 토종의 곡물들로 워크숍이나 프로그램들을 진행할 때 이것들은 심어서 계속 먹을 수 있고 잘 키워서 계속 씨앗을 받을 수 있으면 평생 다시는 돈 주고 사 먹지 않아도 된다고 말하면 놀라는 이들이 있다. 예전의 나처럼 말이다. 값없는 음식의 값어치는 더 많이 이야기되어야 한다.

강원도 봉평에서 열렸던 전시 ≪첩첩산중≫에서 라이스 브루잉시스터즈클럽과 협업한 프로젝트 **산이 먹이시다 (2020)** 는 자연이 내어주는 음식에서 나아가서 음식을 통해 인간이 자연과 맺고 있는 관계에 생각해 보게 되는 계기가 되었다. 이후 채집활동에서 음식과 비(非)음식의 질문으로 이어지는 인간의 먹이 본능에 대한 질문들로 이어지는 시작점이었다.

이 프로젝트의 시작으로 약초나 나물 채집 등의 임업을 주 생계로 하는 덕거 마을에서 시간을 보내며 동네 분들을 만났었는데 외지인의 시선으로 본 낯선 것들이 먼저 눈을 사로잡았다.
동네에서 처음으로 식당에 갔을 때 벽면을 따라 빼곡했던 담금주병들이 그랬고 이후 만났던 약초 꾼 할아버지와 채집 꾼 모녀의 집에서도 같은 장면이 펼쳐졌다. 마치 이 동네에서는 집에 담금주 몇질 개 정도 있는 것은 별일 아니라는 듯, 집 안은 온통 담금주들로 가득했다.
흥미로웠던 것은 주민들이 이 담금주들을 음식이기보다 트로피처럼 여기던 태도였다. 담금주에 대한 질문을 할 때마다 채집 꾼은 이 크고 잘생긴 귀한 것을 내가 언제 어디서 어떻게 찾았는지에 대한 무용담을 생생하게 들려주었다. 모든 담금주에는 산과 채집 꾼 사이의 내밀한 역사가 담겨있었다.

매력적인 이야기에 홀려, 나는 채집 꾼 모녀가 자주 간다는 동네의 산을 따라갔다. 보자기를 몸에 묶어서 만든 채집 주머니를 몸에 매고 포장도로를 걷다가 어느새 본격적으로 길이 없는 곳으로 접어들자, 채집 꾼 모녀, 특히 할머니의 발걸음은 따라갈 수 없을 만큼 빠르고 가벼워졌다. 눈 깜짝할 새 내 시야에서 사라졌다가 나타나기를 반복할 때마다 손에는 통통하게 자란 탐스러운 고비가 가득했다.
채집은 혼자 하는 것이라고 했다. 고비면 고비, 나물이면 나물 모두 자기가 찾은 장소는 가족이라도 쉽게 공유하지 않는다고 했다. 모녀도 산에서는 같이 다니지 않았다.
각자가 각자의 몫을 조심스럽게 관리하려는 듯 했다.
채집 꾼 모녀가 산과 맺는 관계는 그런 것이었다. 사시사철 먹을 것을 얻는 곳이니 그곳을 돌보며 필요한 만큼만 취한다. 채집 꾼에게 산은 나를 먹이시는 산, 서로를 돌보는 산이었다.

길도 고비를 찾는 눈도 없는 나는 그 산에서 나의 모든 감각이 차단된 듯한 고립감을 느꼈다. 내가 가진 눈과 코, 손으로 겨우 더듬어 온 것들, 흙과 채집 꾼 할머니가 알려준 둥굴레, 또 생으로 먹으면 안 되는 생 고비 그리고 웃자라서 나물로 먹을 때가 지난 샌 두릅 등으로 여러 병의 담금주를 담았다.

3개월의 전시 기간동안 숙성된 담금주는 전시의 마지막 날 동네 주민들과 또 외지에서 온 사람들과 함께 뚜껑을 열어 맛보게 되었는데 둥굴레나 솔순주는 향긋해서 인기가 좋았다. 아는 것이기도 했다.
하지만 한 눈에도 수상해 보이는 흙주나 생 고비주를 두고는 이런 것도 술로 담가 먹는지 몰랐다며 어떤 이는 먹지 못할 것이 여기에 있을 리는 없다는 확신으로 흥미를 보였고 나는 덜컥 누가 이것을 한 모금이라도 마실까 봐 먹으면 안 되는 것으로도 술을 담갔음을 실토했다. 그래도 맛이 어떤지 궁금하기는 하다는 등 독성이 있다는 것은 약도 있다는 등 토론이 오가는 술자리가 이어졌다.

음식과 비(非)음식의 경계에 있는 이 수상한 담금주들은 그 수상함 때문에 오히려 이 마을의 사람들이 채집을 통해 산과 맺고 있는 관계를 잘 드러냈다.

Pricelessness of foraging and heirloom seeds

Since I started designing food experiences, I have become more interested in foraging and indigenous foods. These free foods, which are not directly mediated by money but only accessible through relationships and trust, seem revolutionary in a capitalist society.

As far back as I can remember from my childhood, spring namul such as mugwort and chickweed were always available, as long as you noticed them. Nowadays I see 'No Foraging' signs on most footpaths, but it seems difficult to stop the foragers' urge to take free food. This is especially happening to older generations for whom foraging was a seasonal, everyday activity. For me, spring is the memory of my mother cleaning out the big bags of namul that my grandmother sent her every week during the spring season, and the house was filled with the smell of boiling and drying them. We never ran out of namul throughout the year. Spring namul wasn't something you buy.

Heirloom seeds are also free food. The first thing I was shocked about was that if you have the land and the ability to grow them, you don't ever have to buy them. Free food for life. I asked myself, 'So what are these seed companies?' The fact that seeds are deliberately made infertile so that they can be sold every year. That we were making seeds a commodity to be exchanged for money was a huge shock to me.
I didn't know how the world worked.

It made me question whether the current system, which is perfectly designed to use only money to get food. There is no way to explain all the values of native seeds and foraging in a capitalist mind-set, but outside of that framework it seems like something that could hack that system, maybe fix it. When I do workshops on native seeds, native grains, I meet people who are surprised at the reason why we still need to know and keep heritage varieties and heirloom seeds like I used to. The value of 'free food' needs to be talked about more.

The project **Mountain Feeds (2020)** in collaboration with the artist collective 'Rice Brewing Sisters Club' was an opportunity to become aware of the relationship between humans and nature through food. I was curious about the human instinct to distinguish between food and non-food in foraging activities.

I spent time in the village where forestry and foraging are the main livelihoods of the local people. What first caught my eye were the jars of herb-infused liquor. I saw them in local restaurants, in every home in town. Dozens of jars were common in this area and the whole place was filled with them.

What was interesting was the attitude of the locals, who treated the jars more like trophies than food. Every time I asked about them, everyone would tell me vivid stories of when, where and how they had found this big, beautiful, precious thing. Each jar contained an intimate story between the mountain and the forager.

Fascinated by their relationship with food and how it was symbolised in jars as a trophy, I followed the forager mother and daughter to a local mountain they frequented. Wearing a bojagi bag tied around my waist and neck, I soon found myself in the middle of nowhere in the mountain, and the foragers' steps, especially the old woman's, became faster and lighter than I could keep up with. They would disappear from my sight in an instant and reappear with their hands full of rare, delicious herbs.

Foragers said that foraging was a solitary activity. They did not share foraging sites easily, even with family members. Everyone seemed to take care of their share of the mountain. It's where they get their food all year round, so they look after it and take only what they need. For the foragers, the mountain fed and cared for them.
I, who had little knowledge and experience in identifying edible plants, felt isolated on the mountain, as if all my senses were cut off. I thought that helplessness was a crucial feeling to begin to realise the distance and disconnection from how to get food in urban life.

On the same day as the foraging with the foragers, I made several jars of infused liquor with various collections from the mountain, including a handful of soil, wild edible herbs, random plants and grasses, and so on. Some were edible, some not. I displayed them in the gallery for 3 months during the exhibition.

On the last day of the exhibition, the jars of infused liquor were all opened and tasted by locals and out-of-town visitors.
Some people were more intrigued by the suspicious looking, almost black infused jars, which I had to warn people not to drink from, but these jars did get people discussing the distinction between edible and inedible, which was my intention.
The jars with unusual ingredients also reflect the village's special relationship with the mountains through foraging.

솔순주 _ 전과 후   **Solsunju** _ Young pine shoot infused liquor. Before and after.

1

2

3

4

1 채집 포인트로 가려면 깊은 산으로 들어가야한다.
2 채집 꾼 할머니가 뜯은 탐스러운 고비
3 채집 꾼 모녀와 나. 보자기를 매서 만든 채집 주머니 안이 채집물로 불룩하게 나왔다.
4 채집 꾼 할머니댁에 있던 담금주들. 트로피 진열장처럼 보였다.
5 먹을 수 있는 것과 없는 것이 섞여있는 담금주들로 진열된 전시물들.
6 뒷골의 흙으로 담근 술. 전시 기간동안 숙성된 흙주의 맛은 놀랍게도 나쁘지 않았다.
7 담금주들로 만든 칵테일을 동네 분들, 전시 관람객들과 나누어 마셨다.

1 To get to the foraging spot, you have to go deep into the mountains.
2 The big Gobi the grandmother has picked.
3   The forager mother and daughter and me. The inside of the sack, made of bojagi(cloth), was full of gathered items.
4 The infused liquor jars at the forager's house. It looked like a trophy case.
5 The exhibition shows a mixture of edible and inedible liquors.
6 Infused liquor made from mountain soil. The taste was surprisingly not bad.
7 We shared cocktails with locals and visitors to the exhibition.

5

6

7

취향과 선호의 댓가

인류세를 사는 지금, 먹는 일은 인간이 살면서 하는 가장 빈번한 행동중 하나로서 큰 책임의 영역이 되었다. 나의 선호도 단순한 개인의 취향에서 끝나지 않게 되었다. 좋아하고 먹어보고 싶다는 욕구가 거대한 식품산업을 움직이는 동력이기 때문이다.

먹고 싶어 하는 사람이 있다는 것은 돈이 되는 시장이라는 뜻이고 돈이 되는 시장은 이윤 창출을 최우선 목표로 하는 푸드 시스템을 가동한다. 이때 얼마나 적은 자본을 투입해서 최대의 이윤을 남길 것인가의 선택에 있어 시스템의 각 과정에서 윤리나 지속가능성, 생태 감수성 등의 문제는 무시되었고 지금 우리가 음식을 통해 해결하려고 하는 개인적 사회적 문제들이 나타나기 시작했다. 산업화를 가장 먼저 이룬 나라들을 중심으로 디자이너들이 이런 음식 문제의 해결에 개입하게 된 시점도 이때다.

개인의 음식 선호가 시장 원리에서 지속가능성을 저해하는 요소로 작용해 왔다는 사실은 참으로 당황스럽다. 개인적 입맛에도 사회적 책임을 생각해야 하는 시대라는 것이 한편 피곤하기도 하다.
인류는 그저 그들에게 주어진 것을 먹어왔을 뿐인데 어찌다가 내가 원하기만 한다면 전 세계의 산해진미를 계절에 상관없이 먹을 수 있는 시대에 태어난 것일까. 지금에 와서는 그것이 과연 축복인지 저주인지 모르겠다.

나는 취향과 선호를 기준으로 음식을 선택하는 방식에는 문제가 없는 것인지 의심하게 된다.
큰 힘에는 큰 책임이 따른다는 말처럼, 음식에 대한 나의 선호나 결정에도 큰 책임이 따른다. 특히 큰 유행들이 계속해서 전국을 휩쓸듯 통과하는 한국의 독특한 면을 생각해 볼 때 더욱 그렇다.

2024년 농부 시장 마르쉐의 ≪햇밀장 09≫기획에 참여하게 되면서 다품종 소규모 밀 생산자들의 국산 밀 푸드 시스템에 대해 알게 되고는 햇밀[4]의 가치를 어떻게 소비자들과 잘 나눌지에 대한 고민이 깊었다.
소규모 생산자들이 매년 생산하는 국산 밀의 품종과 수확량이 예측하기 어렵다는 점과 더불어 밀의 특성상 밀가루로 가공할 제분소와, 그것을 음식으로 만드는 요리사나 제빵사가 반드시 필요한 빵과 국수 외에는 소비자에게 전달될 경로가 거의 없다는 것도 알게 되었다.

전반적인 생산자 상황을 파악한 뒤에 처음 한 것은 주어진 상황 내에서 내가 풀어 볼 수 있는 문제 지점을 찾는 것이었다. 국산 밀이라는 주제를 놓고 생산-가공-유통-소비로 이어지는 푸드 시스템을 그려나가면서 각 지점에서 설정할 수 있는 만약의 가정을 하고 그 시도로 해결되는 것들을 가늠해 보는데, 이때 가장 시도해 볼만하다고 생각했던 것이 빵과 국수로 접했던 국산 밀 소비 선택지에 잡곡을 더해보는 것이었다.

밀을 통 곡물, 잡곡으로 소개하는 것은 잡곡밥에 익숙한 한국인에게 쉽게 인지될 수 있는 상품이라는 점, 또 통곡물의 형태로 바로 조리해서 먹을 수 있는 형태는 제분과 가공의 단계를 거치지 않아도 되고 무엇보다 기존의 빵과 국수와 경쟁하지 않아도 된다는 점에서 해 볼만했다.
여기에 한 가지 더, 취향과 선호를 뛰어넘는 다양성 그 자체로의 소비를 시도해 보기로 했다. 이 접근은 사실 새로울 것이 없다.

조금만 거슬러 가면 우리가 그해 작황에 따라 풍족하면 풍족한 대로 부족하면 부족한 대로 주어진 것들을 겸허히 받아들여 섞어 먹던 '잡곡'의 문화이다. 동아시아의 쌀 문화권 안에서도 상대적으로 쌀을 재배하기 척박했던 환경이 만들어 낸 잡곡밥의 문화는 자연스럽게 한국적 주식(主食)의 특징이 되었다. 이런 잡곡밥이 우리가 지금 처한 기후 위기 속에서 다양성과 지속 가능함이라는 가치로 다시 이야기 될 수 있을지 확인해보고 싶었다.

4 햇밀은 일반적으로 그해에 갓 수확된 밀을 말하지만, 농부시장 마르쉐는 햇밀을 매개로 한, 전국의 소규모 밀 농가와 국산 밀 음식을 만드는 사람들, 밀을 가공하는 사람들의 관계망의 의미로 확장하여 쓰고 있다. 출처_마르쉐 햇밀장 웹싸이트

그렇게 선보이게 된 것이 **햇밀, 라 당스 (2024)**이다. 농부시장 마르쉐가 만들어 온 햇밀의 의미에, 함께 손을 잡고 춤을 추고 있는 앙리 마티스(Henri Matisse)의 그림 <라 당스(La Danse)>의 기운을 실어 상품 이름을 지었다. 그해에 모인 열 농부의 열 가지 품종의 햇밀을 섞어 담은 <햇밀 라 당스>에는 올해 수확한 전국의 다양한 국산 밀들이라는 것 외에 맛과 향, 식감 등에 대한 취향과 선호에 대한 선택의 기준을 제시하는 문구는 넣지 않았다. 그런 것은 중요하지 않으며 올해 우리에게 주어진 것을 함께 소비하며 모두가 함께 손을 잡고 춤을 추는 원 안으로 있다는 것이 더 중요함을 전달하려했다.

다양한 것들중의 선택이 아닌 다양함 그 자체를 시도했던 햇밀 라 당스는 준비한 물량이 모두 팔렸고 구매 문의도 많았다고 한다. 불확실성을 돌파하는 다양성의 힘을 느껴볼 수 있었다.

The cost of liking

In the Anthropocene, eating has become an area of great responsibility as one of the most common actions we perform every day. My preferences are no longer just a matter of personal taste. Because the desire to like and consume is what drives the vast food industry. 'I want to buy it' means there is a market economy for it, and it drives a food system whose primary goal is to make a profit. Issues such as ethics, sustainability and environmental sensitivity have been ignored at every stage of the system in favour of maximising profit with the least input, and the personal and social problems that we now try to solve with food began to emerge. That is when designers got involved in solving these food problems. The concept of food design emerged at that point.

Humans have just eaten what they've been given, but how did I happen to be born at a time when I can eat any food from around the world, regardless of season, if I want to, and I don't know if that's a blessing or a curse. So I wanted to question whether it is all right to choose food based on taste and preference.

After attending the <<Haetmil Market : Korean Wheat Festival>> at the Farmers Market Marche in 2024, I learned about the wheat food system in the country, especially the small-scale wheat farmers who grow different heritage varieties.

Korean heritage wheat had systemic problems. There was a weak infrastructure to produce flour for small quantities of different varieties. We relyed on a small group of bakers and factories to make bread and noodles with Korean flour. Wheat was a difficult ingredient, requiring milling to turn it into flour.

Once I understood the overall situation, I hypothesised what would happen if we consumed whole wheat as a multi-grain for home cooking. Whole wheat was not a familiar ingredient to Koreans, but multi-grain was familiar as cooking multi-grain rice. If I can introduce cooking whole grain with rice, I don't have to compete with bread and noodles, and I can skip the milling process. All I had to do was introduce Korean whole wheat as one of the multi-grains, and the response from customers was very promising. They accepted the concept very easily and bought whole wheat for home cooking.

In addition, I made only one product of mixed multi-grain Korean whole wheat. Because this product has to be made beyond tastes and preferences to support the sovereignty of Korean wheat farmers and stakeholders in the Korean wheat system. It was a simple idea, but it worked. I learned that we don't always have to follow the industrialised food system.

Within the rice culture of East Asia, the culture of multi-grain rice has naturally become a feature of the Korean staple diet. I wanted to see if the multi-grain culture could now be retold as new values of diversity and sustainability. That's how the brand **Haetmil, La Danse (2024)** was born.

The name was inspired by Henri Matisse's painting "La Danse", in which a small group of people hold hands and dance together, which to me looked like people who maintain the Korean wheat system in an independent way. I didn't think they could compete with the mass production system, but they could show their system clearly and invite more people into the circle of it, holding hands and dancing together, consuming what we have been given this year as a life movement.

햇밀 라 당스 _ 패키지와 잡곡밥. 그 해의 작황과 참여하는 지역, 농가, 품종, 물량 등에 따라 햇밀 라 당스의 구성은 매년 달라질 것이다.

Haetmil, La Danse _ Package and mixed grain rice.

사람은 감을 잃고 음식은 간을 잃고

치매 의심 증상 10가지 중에는 평소 잘 하던 음식의 간을 못 맞추거나 요리법을 잊어버릴 때가 포함되어 있다.[2] 그만큼 요리는 복잡한 감각 인지 활동이고 그러니 일상에서 놓지 말아야할 생존 훈련이라고 생각하게 된다. 만들고 만든 것을 맛보는 일을 게을리 하지 않는 것은 중요하다.
식품공학적으로 인간이 느낄 수 있는 최대 만족점[3]에 맞춰 만들어 놓은 '사 먹는 음식'이 매일의 식사가 되면 곤란해지는 것은 그런 감각이 무뎌지기 때문일 것이다. 감각이 좀 무뎌지면 어떤가라고 대수롭게 생각할 수도 있지만 나는 이것이 인류의 존멸과 관련된 문제일 수 있다고 생각한다.

아트 다이닝 전시 ≪발효 공진화≫에서는 부산 경남의 발효 문화와 기후 위기를 주제로 한 식경험 **간과 감 (2024)**을 만들었다.

리서치 과정에서 발효 장인들을 만나 장과 젓갈을 맛보고 이야기를 들으며 인상적이었던 것은 발효를 다루는 간에 대한 감각에 대한 그분들의 경험과 그로부터 얻어진 본질과 이치에 대한 철학이었다.
짜야 할 것은 짜야 한다는 그들의 단호함은 강렬한 짠맛 뒤에 비로소 하나씩 느껴지는 모든 맛들, 넣지 않았는데도 나오는 그 맛들로 인해 단박에 납득되었다. 장이든 젓갈이든 결국 맛있는 소금을 만들기 위한 것이었다는데서 장과 발효, 짠맛을 관통하는 새로운 깨달음도 있었다.

그렇다면 왜 우리는 주위에는 '이런 짠맛'들이 사라진 것일까. 나는 이 원인을 냉장고와 콜드 체인으로 대표되는 산업화된 푸드 시스템 안에서 찾아보려 했다. 냉동, 냉장 유통 및 보관이 가능해지면서 음식의 상태를 분간하고 계절과 날씨에 반응하는 감각이 무뎌졌다. 냉동실에 던져놓은 음식은 어쨌든 잊어버려도 괜찮은 것일 테니 뉴스에서 보도되는 전 세계의 이상 기후로 인한 재난 소식에도 조금씩 끓어오르는 물 안에 개구리처럼 무감각해진 것은 아닐까 하는 생각으로 이어졌다.
  그래서 나는 인류가 자초한 기후 위기의 시작이 야생의 균과 짠맛을 다루어내는 발효 감각이 퇴화한 시점과 같다는 가설을 세우고, 잃어버린 것을 다시 찾기 위한 실마리로서 부산 경남의 발효 식문화에서 찾은 짠맛들에 주목했다.
냉장고가 없던 시절에 만들어 먹던 별미 조미료로서의 명란젓, 질겨진 잎마저 소금물에 삭혀 먹을 수 있는 것으로 만든 삭힌 단풍 콩잎, 간장이 마르면서 자신의 염도를 조절하는 과정에서 만들어지는 소금 결정인 장석을 지금 우리가 다시 찾아야 할 간과 감의 매개로 사용했다.

사계절의 변덕스러운 기후 속에서 야생의 균을 다루되 썩히지 않고 삭혀 먹던 발효의 기술이 결국 환경의 변화에 민감하게 반응할 줄 알았던 감각이자 원하는 발효의 상태에 따라 조건을 맞출 줄 아는 짠맛의 감각이라고 할 때 발효에 개입하는 사람의 역할은 결정적이다.
그러니 기후 위기에 대해서도 먼저 나의 잃어버린 간과 감을 찾는 것이 긴급한 문제임을 부산 경남의 발효 문화에 깃든 짠맛들로 이야기하려 했다.

소금 결정이 맺힌 접시 위에 올린 짠맛들은 머리에 보자기를 쓴 채 먹도록 했다. 잠시 세상으로부터 모든 자극을 차단하고 마치 오르톨랑[1]을 먹을 때 신으로부터 자신을 감추기 위해 냅킨으로 얼굴을 가렸다는 이야기에서처럼 어떤 부끄러움의 모습을 한 채로 먹는 경험을 만들었다.

짠맛을 보고난 뒤에는 다 함께 소반에 적힌 글자들로 문장을 만들었다. '짜야할 것이 짜지 않음으로 사람은 감을 잃고 음식은 간을 잃고.' 위험을 알리는 빛반사 안전 테이프로 쓴 글씨들은 밥상 위에서 잃어버린 것을 찾아보자는 긴급한 메시지였다.

---

[1] 오르톨랑(Ortolan)은 잔인한 요리법으로 인해 법으로 금지된 프랑스 요리이다. 오르톨랑을 먹을 때에는 냅킨을 머리에 쓰는데 신에게 자신의 모습을 감추어 죄의식을 가리는 행위라는 설과 먹는 감각에 집중하기 위해 쓴다는 설이 있다.

[2] 출처 _ 중앙 치매 센터 (2017)
[3] 지복점(Bliss Point)라고도 한다.

How to awaken our sense of coevolution

How to live with others, even with other species on the same planet earth, has become a very important agenda now and I tried to talk about it with fermentation and its culture for the art-dining & exhibition <<Fermentation Coevolution>>.

I created the project **Salty Salt (2024)**, a dining experience based on the connection between fermentation culture and the climate crisis.

During my research I met local fermentation artisans and tasted their fermentation food. What struck me was the intensity of the Saltiness, followed by the variety of flavours. In a drop of well-fermented soy sauce, I could taste sweet, nutty, toasty flavours produced by microorganisms.

I was impressed that every local fermentation master I met said the same thing. They said that what needs to be salty needs to be salty. That's the fundamental of Korean fermentation. They also told me that the idea of Jang (Deonjang, Ganjang: fermented soybean sauce and paste) and Jeotgal (salted fish and its sauce) is the result of an endeavour to make delicious salt with the most abandon local ingredient to eat with rice, the staple food.

Making fermented food was so important, but it was difficult to have the skill to make it because Korea has 4 seasons. Summer is humid and hot, we have monsoon season, winter is cold and dry, etc. Thus Koreans developed a fermentation culture in a home made, wild fermentation style, everyone had to learn how to take care of their food well fermented, not go bad to meet the perfect condition in different environments. I think the wild fermentation culture has become the most distinctive uniqueness of Korean fermentation. And I think it needs to be rediscovered as the skill of living with other species, coevolution. Also I asked myself why we lost the sense of living with others, and I hypothesised that with the advent of the fridge and the industrialisation of the food system, people forgot how to preserve food, how to ferment it, how to keep it at room temperature all year round. That's how we lost our sense of the environment, of temperature, humidity, seasons as a result. This might be one of reasons how we came to live in the Anthropocene.

The man-made climate crisis coincided with the degeneration of our fermentative sense, and I found a clue to awaken the lost sense in the salty fermented food of Gyeongsangnam-do, Busan. I used 3 kinds of salty food, fermented pollock roe made according to a Korean recipe from the 1910s, preserved soybean leaves in brine and salt crystals made from soy sauce, as a symbolic salty food we need to reawaken our sense of environmental sensitivity.

For the public event, I prepared 3 salty foods, served on a salty plate made of salt beaded hemp cloth. I also designed participants to eat salty food while they covered the face with napkin cloth on the head. It was referenced from how to eat ortolan, notorious gastronomy due to its cruel cooking method and indifference so to speak. Covering the face while eating was an expression of shame and guilt for the senselessness of co-living, coevolution.

After tasting the salty taste, the participants all made sentences with the words written on each tray. It says: 'What should be salty is not salty, people are losing their senses, food is losing its saltiness'. The words, written in light-reflecting safety tape, were an urgent message to look for what is missing from everyone's dining table.

간과 갑 _ 짠맛 플레이트. 소금 결정을 맺힌 삼베 접시 위에 부산 경남의 발효에서 찾은 세 가지 짠맛을 밀밥과 함께 내었다.
Salty Salt _ Salty Plate. On a salt-crystallised hemp dish, three salty flavours found in the fermentation of Busan and Gyeongnam are served with rice.

간과 감 _ 보자기로 스스로를 가린 채 세 가지 짠맛을 본다.
Salty Salt _ Cover yourself with a cloth (napkin) and taste the three salty foods.

1

1 항아리에는 세 가지 짠맛 재료들이 들어있어 관람객이 냄새맡아볼 수 있다. 항아리에 절임수를 담고 염도를 측정하는 두 가지 도구, 날달걀과 염도계를 띄워두었다.
2 보자기를 쓴 채, 세 가지 짠맛을 본 뒤, 참여자들과 함께 소반으로 문장을 만들었다.
3 부산항 제1부두 창고에서의 전시 전경

1 The onggi (jar) contains three salty fermented foods that visitors can smell. There are two tools for measuring salinity, a raw egg float in the jar or a salinity meter.
2 After experiencing the salty tastes, participants make a sentence using the Soban (Dining table).
3 View of the exhibition in the warehouse at Pier 1 of Busan Harbour

2

3

명상이 된 요리, 리추얼이 된 농사

농사짓지 않고 요리하지 않아도 돈으로 얼마든지 원하는 식사를 매끼 살 수 있는 시대에 태어난 것은, 인류의 기나긴 허기의 역사를 돌아보면 분명 천만다행이다. 하지만 하루의 일과가 그저 텃밭을 일구고 삼시세끼를 해 먹는 일로 단순할 때 우리의 삶은, 아니 적어도 나의 삶은 더 낫지 않을까 상상한다.

돈을 써서 아낀 그 시간을 지금 내가 어디에 얼마나 허투루 쓰고 있는지를 돌아보면 그렇다. 농촌과 시골이 낭만과 판타지의 장소가 되고 치유와 힐링의 키워드가 된 것을 보면 도시의 삶이 얼마나 그것과 멀어졌는지 느껴진다.

산업혁명이 우리의 삶과 일을 본격적으로 분리하기 시작했을 때 먹는 일에 있어서 우리는 가장 먼저 조리 노동의 시간을 돈으로 바꾸었다. 어떤 때는 전자레인지에서 밥을 데우는 1분 30초도 길게 느껴진다. 먹는 일 외에 음식에 쓰는 시간은 모두 일상에서 돈으로 환산해 외주화할 수 있는 것이 되었다.

농사도 마찬가지다. 나는 영국의 농장(Laines organic farm)에서 우프(WWOOF[4])를 하며 처음 느꼈던, 단순한 노동이 주는 정신적 개운함과 정서적 충족감을 잊지 못한다. 몸은 힘든데도 계속해서 그 상태에 빠지고 싶은 본능을 느꼈다.
그 시기의 나는 분명 정서적 탈진을 겪고 있었고 살기 위해 어떤 허기를 허겁지겁 채우고 있었다. 생존하기 위해 밑 빠진 독에 물 붓기와 같은 일상을 반복하는 것에 번아웃이 오는 것은 어쩌면 당연했다.

그때 농사를 도우며 먹을 것을 만들어 함께 먹는 원초적인 과정을 매일 반복하며 나는 조금씩 나아지고 있는 것을 느꼈다. 일상을 지탱하는 단순한 것들을 해보면서 삶의 걸음마를 다시 배우는 시간이었다. 먹거리가 길러지고 수확하고 요리하는 전 과정을 태어나서 처음 겪은 사건은 내 삶의 속도와 방향 자체를 바꾸었고 지금의 내가 식경험 디자인

4 WWOOF (World Wide Opportunity on Organic Farms)

을 하게 된 결정적 계기이기도 하다.

정서적, 사회적 허기의 시대에 살고 있고 우리는 그 허기가 접시 위의 열량으로는 채워지지 않는다는 것을 안다. 잠깐 기댈 수는 있겠지만 먹는 것으로 스트레스나 외로움이 해결될 수 있다고 말하는 것들로부터 적당히 무심한 태도를 가질 필요가 있다. 오히려 삶에서 우리가 간단히 삭제해버렸던 농사와 요리의 시간 속에 진정한 포만감의 열쇠가 있을지도 모른다.

이런 시대에 밥이란 어떤 가치가 될 수 있을까. 나는 곡물집과의 협업으로 3시간 동안 오로지 밥을 짓는 전 과정의 감각에 집중해 보는 프로그램 **밥생각 (2020)**을 시도해 보게 되었다. 밥 짓는 시간과 과정에서 얻을 수 있는 유익에 대한 경험을 공유해보고자 했고 나는 이것을 '명상적 밥 짓기'로 접근했다. 천원의 공깃밥이나 햇반의 대척점에 있는 조리 노동의 경험이 정서적 유익 활동인 명상이나 요가의 그것이 될 수 있는지 확인해보려는 시도였다.

실제로 이 프로그램이 진행되는 3시간에 걸쳐 쌀을 고르고 쌀을 씻고 불에 안치고 밥물이 끓기 시작하면 불을 줄이고 밥 익는 냄새가 날 때쯤 불을 끄고 잠시 뜸을 들인 후 갓 지어진 밥을 주걱으로 섞어 밥그릇에 담는 모든 과정은 이보다 명상적일 수 없었다. 어쩌면 당연히도, 이런 의도에 반응해 준 참여자들 가운데는 태어나서 처음으로 자신을 위한 밥을 지어 봤다는 이들이 많았다.
집에서 밥을 직접 지어 먹는 일이 일상적이지 않은 세대에게 밥 짓기는 명상적 수행이 되는 것이 어렵지 않다는 것을 확인할 수 있었다. 그만큼 그것과 멀어져있기 때문이다.

하루 아침에 갑자기 농사나 요리를 시작하기는 어렵다. 그럴 때 현재의 식경험에서 조금 뻗어나가는 정도의 경험은 어떨까 하고 시작한 프로젝트가 **자투리 채소 모빌 (2019-)** 시리즈이다.

시작은 음식의 제로 웨이스트의 관점에서 냉장고에 남아도는 자투리 채소의 쓸모를 걸어두고 마르는 채소의 조형적

아름다움에서 찾고자한 것이었는데, 가을 무가 한창일 계절에는 다양한 품종들의 무들을 가지고 **나의 반려 채소, 무말랭이 (2019)**로 또는 잃어버린 계절의 감각을 잇는다는 의미를 더해 **잃어버린 감각 잇기 : 자투리와 갈무리, 말리기와 걸기 (2022)** 등으로 변주되며 이어져오고 있다.

2024년에는 노지 채소를 기르는 고양 찬우물 농장의 이상린 농부가 밭에서 계절의 작물들을 통해 느끼는 감각을 쫓아가 보기 위해 전시장을 일시적 부엌으로 사용하며 반년에 걸쳐 농부의 작물들을 차례로 받아 말리는 **시절 갈무리 : 입하(立夏)에서 입동(立冬)까지 (2024)**를 ≪같이쓰는 농부사전≫전시의 작업으로 진행했다.

식재료의 갈무리라는 음식 저장 가공법이 조형적 아름다움의 쓸모와 만나 주목할 수 있는 공간에 놓이면, 눈에 띄는 순간마다 '먹는다'의 감각을 환기하게 된다.

관성처럼 저절로 흘러가는 일상 속에 휩쓸리다가도 순간에 집중하고 의식해보는 '먹는다'의 명상과 리추얼은 당장 오늘이라도 시작할 수 있는 수행이다.

Farming and cooking is the new meditation.

We are the generation fortunate enough to live in a time when we can buy whatever we want for any meal we want, without having to grow it or cook it.

When we look back at the long history of human hunger, we are certainly blessed. But I imagine sometimes that my life would be better if daily routines can be as simple as spending time preparing food and eating. When I look at how the countryside has become a place of romance and fantasy, and a notion of healing and retreat, I realise how far city life has disconnected from the experiencing whole system of eating.

When the industrial revolution began to separate our lives from our work, the first thing we did when it came to food was we put a price on our cooking labour. It became something that could be outsourced in our daily lives.

Farming is no different. I'll never forget the first time I did WWOOF at Laines Organic Farm in England. The whole experience was a mental breathing and emotional fulfilment from simple labour. Even though it was physically exhausting, I felt an instinct to do it again and again. At the time I was definitely burnt out from an unstable life in London, struggling to satisfy a certain hunger for survival.

I felt I was getting better every day as I helped on the farm, making food and eating it together. It was a time of relearning how to live by doing the simple things that sustain my life every day. It was a defining moment that led me to my career in food experience design as well.

We live in a time of emotional and social hunger, and we know that hunger is not satisfied by calories on a plate or the dopamine of sugar. We need to doubt those who tell us that food can solve our stress or loneliness. Rather, the key to true satisfaction in life may be in the time of farming and cooking that we have simply erased from our lives.

In collaboration with 'A Collective Grain', I designed a three-hour programme **Bab Meditation (2020)** that focuses solely on the sensations of the entire rice-cooking process. I wanted to share my experience of the goodness that can be derived from the time and process of cooking rice. Less and less people cook rice themselves even though rice is our staple food for Koreans.

I approached the cooking experience as a meditative activity of self-care. It was an attempt to see if the experience of cooking labour could be meditation, an emotionally beneficial activity as well.

I wanted to deliver the message that the whole process of choosing the rice, washing it, putting it on the fire, turning down the heat when the water starts to boil, turning it off when you smell the rice cooking, pausing for a moment to let it cook through to the inside, could not have been more meditative. Because you have to concentrate and respond with all your senses at every stage of cooking.

Many of the participants said it was the first time they had ever cooked a meal for themselves, and they were happy to have uninterrupted time to focus on every detail while cooking for themselves. For a generation for whom cooking rice at home is not an everyday activity, It was not difficult for them to cook rice as a meditative practice because it is so far removed from their life.

Another programme I designed was **My Companion Vegetable, Daikon (2019)**, making edible mobiles out of seasonal vegetables and herbs. It started as a way to upcycle leftover vegetables from a zero waste perspective, also creating sculptural beauty from hanging and drying vegetables.

The programme continued to **Hanging and Drying like Calder (2022)** and **Archiving Seasons (2024)**. All activities are intended to reconnect the lost sense of season and bring it back to a personal space.

In <Archiving Seasons>, I was commissioned to create an artwork in collaboration with the urban vegetable farmer who runs Goyang Chanwumul Farm. I wanted to bring seasonal vegetables into the exhibition space and turn it into a temporary pantry.
I made a large round metal structure for hanging and drying, which represents a circle of the year, and held community events in each season, filling the empty space with seasonal vegetables from the farmer.

The archived vegetables in sequence showed the instability of the seasons, such as an extremely dry spring and an unusually long and wet summer. I wanted to share a farmer's sense of seeing the seasons in a sequential context with the audience.

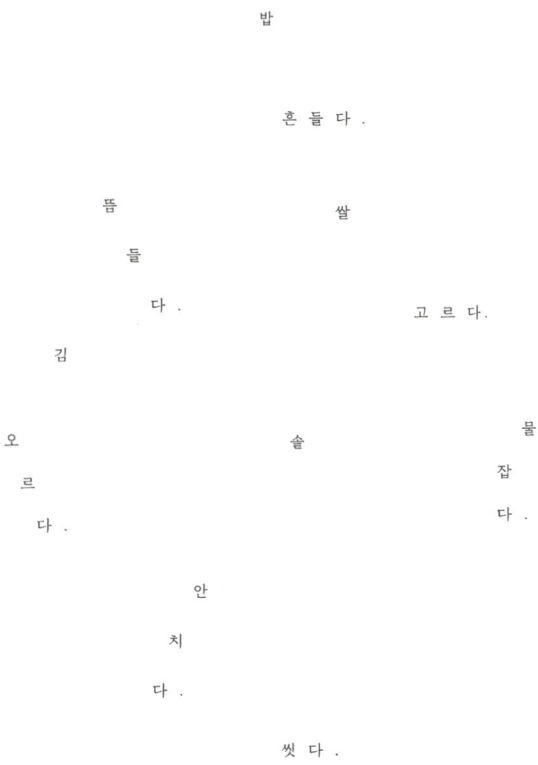

동사형의 행동과 순서에 주목하여 밥짓기의 과정에 집중할 수 있도록 했다.
I focused on the process of cooking rice by paying attention to the actions and sequences of the verb form.

75

1

2

3

1-3 갓 지은 밥은 계절별로 어울리는 상차림을 곁들였다. 봄에는 쌈 싸 먹는 밥, 여름에는 찻물에 말아먹는 밥, 가을에는 비벼 먹는 밥으로, 다채로운 밥 먹는 법을 함께 소개했다.
4 뜸이 들기를 기다렸다가 밥솥 뚜껑을 여는 순간은 밥 짓기의 클라이막스다.

1-3 Freshly cooked rice is served with seasonal banchan (side dishes), suggesting different ways to enjoy the meal.
4 The moment when the lid of the rice pot is opened, after a long, anxious wait for the rice to cook, is the climax of the rice-cooking process.

4

나의 반려채소, 무말랭이 My Companion Vegetable, daikon

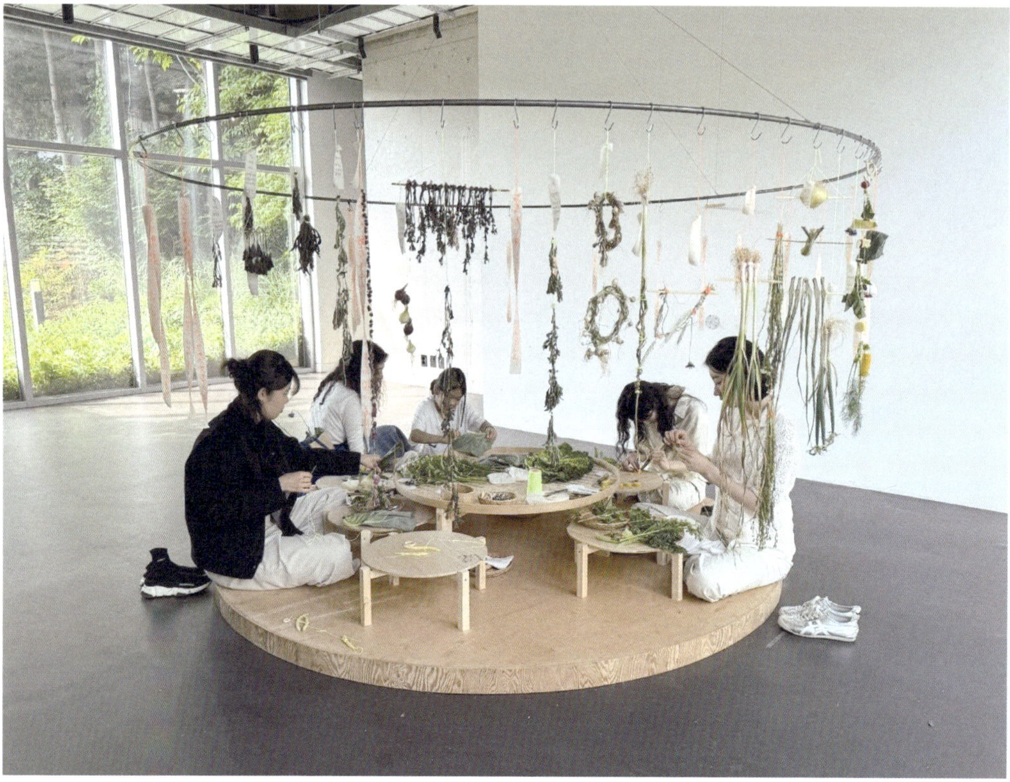

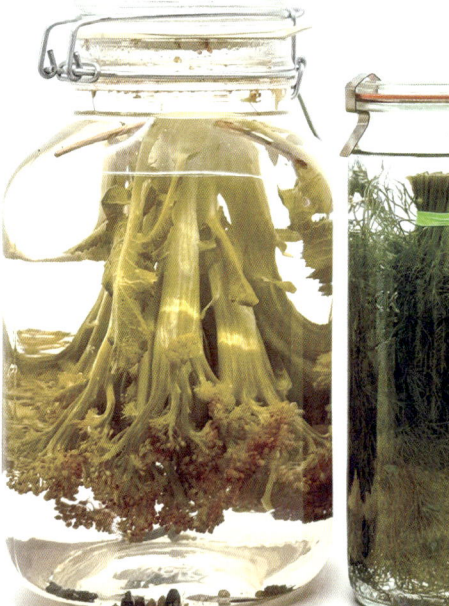

ⓒ 블루메 미술관 ⓒ Blume Museum of Contemporary Art

1

2

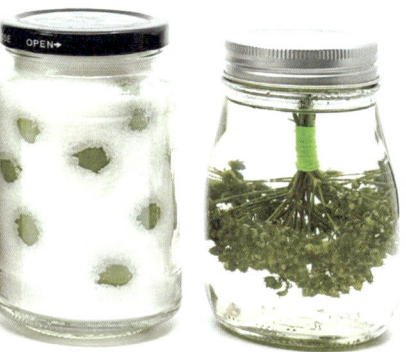

1 시절 갈무리 _ 매월 참여자들과 함께 하는 워크숍 시리즈를 통해 전시물이 계속 더해지는 과정을 전시했다.
2 짠맛(소금), 단맛(설탕), 신맛(식초), 기름 등에 넣어 저장한 다양한 식재료들도 함께 전시되었다. (좌로부터) 웃자란 브로콜리 피클, 딜 식초, 매실청, 생고수씨 절임

1 Archiving Season showed the process of continuously adding exhibits through a series of workshops with participants every month for half a year.
2 Various ingredients preserved in salt, sugar, vinegar, oil, etc. were also displayed together. (From left) Broccoli pickles, dill vinegar, plum vinegar and pickled raw coriander seeds.

식경험의 시뮬레이션, 소꿉놀이

나는 식경험 디자인이 결국 소꿉놀이를 만드는 것과 같다고 느낄 때가 있다.
소꿉놀이의 사전적 의미[5]가 아이들이 자질구레한 그릇 따위의 장난감을 가지고 살림살이하는 흉내를 내는 짓, 또는 살림살이의 흉내를 내며 여럿이 즐겁게 노는 일이라고 하는데 내가 만드는 식경험들도 어떤 면에서 매우 그렇게 느껴지기 때문이다.

식경험의 상황 안에서 플레이어의 행동들이 자신을 보여주는 일종의 시뮬레이션이라는 점 그리고 우리는 모두 소꿉놀이의 경험이 있으며 이것이 놀이라는 형태로 즐거움의 범주 안에 있다는 점은 식경험 디자인의 관점에서 소꿉놀이를 중요하게 볼 충분한 이유가 된다.

곡물집과 함께 만든 **토종 곡물 경험 키트 (2022)**는 토종 곡물이 가진 다양성을 다양한 곡물을 골라내는 일종의 '선별 작업의 놀이화'의 의도로 만들었다.

처음부터 한 봉지에 섞여 있는 다양한 곡물들을 크기와 형태, 색, 무늬, 질감 등의 난이도에 따른 외형적 힌트에 따라 하나씩 손으로 골라내어 정답을 맞혀보는 활동이 핵심인데 일단 쉽고 즐거운 경험이어야한다는 것이 우선이었다. 그리고 받아들일 정보의 양을 스스로 조절할 수 있도록 구성했다. 그저 곡물 고르기의 놀이만 해도 좋고, 더 많이 알고 싶다면 각각 곡물별 특성이나 토종의 의미에 대해 알아가볼 수 있는 내용들을 읽어볼 수도 있다.

이 키트는 성인들에게도 긍정적 반응을 얻었지만, 특히 시니어와 어린이들에게 효과가 컸다.
강남구 보건소의 의뢰로 시니어들 대상으로 이 프로그램을 진행 했었을 때에는 어르신들이 토종 곡물들에 대해 잊고 있던 시절의 기억을 떠올리기도 하고 곡물을 큰 것부터 작은 것의 순서로 눈으로 보고 손으로 골라내는 활동이 평소 잘 쓰지 않는 소근육 운동이 되는 등 감각과 인지를 함께 사용하는 훈련의 효과가 있었다.

5 출처_표준국어대사전

문경에서 진행된 입맛음식의 행사에서 선보였던 **사발과 상짜기 (2019)** 에서는 소반 위에 종이로 만든 사발들을 펼쳐 놓고 사발에 내가 담아 먹고 싶은 음식을 스티커로 표현했었다. 그때에 참여했던 어른들이 자신의 음식을 표현하고 그것에 대해서 발표할 때까지 시종일관 진지함과 유쾌함이 공존했던 분위기가 생생하다.

장인의 작품으로만 여겨져 어렵게 느껴졌던 사발의 무거움을 가볍게 내 일상으로 가져오고자 '내가 이 사발을 매일 쓴다면?'이라는 가정을 했고 이것을 종이와 스티커로 구현한 일종의 소꿉놀이의 결과는 소반 위에 펼쳐진 다채로운 상차림으로 표현되었다.

차려진 가상의 음식을 설명하는 이들의 태도가 어찌나 진지하고 유쾌했던지, 어쩌면 아이들에게보다 어른들에게 더 소꿉놀이가 필요할지 모르겠다고 생각했다.

서울 정릉천을 산책하며 생태를 관찰하고 경험할 수 있는 키트와 활동을 의뢰받았을 때도 정릉천의 생태 관찰 지도와 함께 일종의 먹을 수 있는 장난감이 필요하다고 생각해 **버들치 사탕 (2021)** 을 만들었다.

버들치는 1급수 맑은 물에 사는 물고기로 서울 정릉천의 깨끗한 생태의 지표와 같은 생물종이다.
흥미로웠던 것은 이 지역에 오래 사신 어르신들에게 버들치는 잡아서 매운탕을 끓여 먹기도 했던 식재료였는데 이제는 그 개체수가 줄어들어 보호종이 되었다는 사실이었다. 그래서 지금은 멀찌감치 물 밖에서 버들치를 관찰하는 것이 유일한 경험이 되어버린 것이 아쉬워서 버들치와 최대한 같은 크기와 형태를 가진 사탕을 만들었다.

버들치 사탕은 어르신들과 아이들 모두가 정릉천에서 가지고 놀기도 하고 핥아 먹을 수도 있으며 직접 버들치 사탕을 만들어볼 수도 있는 등 소꿉놀이하는 버들치가 되었다.

우란문화재단의 의뢰로 만들었던 **T for 2 (2021)** 는 소꿉놀이의 형태가 모바일 게임 안으로 들어간 형태로, 두 명의 플레이어가 모바일로 접속한 게임 환경 안에서 차 마시기의 플레이를 하는 시뮬레이션 식경험이었다.

당시, 코로나 판데믹으로 집합 금지 상태가 계속되던 시기에 각자의 공간에 고립된 상황이 계속되면서 함께 만나 먹고 마시는 일상의 박탈감으로 인한 우울을 느끼고 있었는데 이런 상황에서 가상의 식경험이 갖는 효용을 연구 주제로 잡았다.

진짜로 만나서 차를 함께 마시는 것은 아니지만 그것이 게임화되며 가상 공간에서 차 마시기 경험이 시뮬레이션 되는 것은 결국 소꿉놀이를 만드는 것이었다.
이 소꿉놀이의 경험에서 중요했던 것은 차를 고르고 우리고 거르고 마시는 과정을 두 사람의 플레이어가 함께 이야기를 나누며 방법을 찾아가도록 만들어주는 일종의 장난감을 만드는 것이었다.

이것을 위해 '낯선 차 도구 세트'를 만들었다. 차 마시기의 플레이어들이 차에 대한 기존의 경험을 사용할 수 없고 주어진 상황에서 서로 협력하여 차를 우리고 거르고 나누어 마셔야 하는 미션을 자연스럽게 수행하도록 유도할 수 있는 차 도구 세트를 만들었다.
혼자 서 있지도 못하는 고깔 형태의 도구들은 손으로 잡고 있거나 잡아주거나 서로를 기대어 놓거나 쌓는 등 새로운 방법을 궁리해야하고 그러려면 상대방과 이야기해야 한다.

실제 60쌍을 초대해 그들이 낯선 차 도구를 사용해 차 마시기의 게임을 하는 중에 취했던 행동과 반응을 기록, 분석하여 유형화했고 이를 게임에 적용해 <T for 2> 모바일 애플리케이션을 개발, 판데믹 기간 중 배포했다.

가상의 공간에서 차 마시기의 시뮬레이션을 통해 일상의 고립감과 함께 먹기의 의미를 환기하고자 했던 이 프로젝트에서 가장 인상적이었던 것은 60쌍의 두 사람들이 차 마시기의 실험을 하는 동안 낯선 도구를 사용해 차를 마시는 경험 자체를 매우 즐거워했다는 점이었다.

차라는 음식의 선호와 별개로 음식을 만들고 먹는 과정의 해프닝 자체를 즐겼다는 점은 다시 한번 소꿉놀이의 유익을 확인하기에 충분했다.

Kitchen play is psychodrama.

I often feel that designing food experiences is like creating new kitchen plays. The definition of kitchen play, according to the Korean dictionary, is the act of children imitating the actions of household chores with toys, or the act of a group of people having fun while imitating the actions of household chores. It sounds a lot like what I do.

When people do kitchen play, the player's behaviour in the context of the eating and cooking situation shows who they are, makes people immerse themselves in past experiences, just like what psychodrama does. This is why I am interested in kitchen plays and its toys. Because I believe that we, especially adults, need to have more playful moments with food in order to solve eating problems. And if there are toys specially designed for specific experiences, the experience would be more immersive, I think.

I've always noticed that every time I make a children's food programme, the adults want to participate and have as much fun as the children.

I designed **The Heirloom Grain Experience Kit (2022)** in collaboration with 'A Collective Grain' to spread awareness of the diversity of Korean heirloom grains and their values. The agenda of heirloom variety has been overwhelmingly serious as something we need to save from extinction related to patriotism.
But I had a different idea. I thought that the experience needed to be approached like playing with toys. Making a positive user

83

experience was a priority to reach out to people who have no interest in Korean native grains.

I have designed the sorting of grains as the core activity. The kit consists of a bag of mixed grains and a booklet for a quiz activity. According to the quiz, you can pick out grains with specific characteristics such as size, shape, colour, pattern, texture, etc. one by one. It gives you time to concentrate on identifying the characteristics of each grain. After sorting the grains, you can cook multigrain rice and remember them when eating rice once again.

This simple and playful activity was welcomed not only by children but also by adults. I was asked to hold this programme for senior citizens at 'Well Ageing Centre' in Gangnam-gu, Seoul. The programme received positive feedback from the Public Health Education Department. They said that the sorting activity as a cognitive task can improve memory, and it is even better if you can recognise it with physical actions, such as using fine muscles for sorting, using multi-sensory during cooking and eating.

Playing with Tradition (2019) was presented at the 'Spoken Recipe' event in Mungyeong. The event was a collaboration with a local pottery master who has 9 generations of tradition in the area, which is rare in all of Korea. I was asked to create an interesting experience with his pieces.

The master's sabal, the shape of a traditional Korean bowl, were works of art. And I thought it could be good and bad at the same time. It is definitely a good opportunity for people to experience and appreciate the aesthetics of tradition as art. But It could be recognised as an artefact in a museum display case. I wanted a more tangible experience so that people could use it and feel closer by imagining the artwork in their kitchen.

Unfortunately, I could use the actual pieces only in case I buy it. So I prepared paper plates with real-size sabals instead and prepared coloured stickers. I asked people to imagine the food they would serve if they used the master's work in their own kitchen and to express it with stickers. I remember the atmosphere of seriousness and playfulness as the adults tried to present their food with dots and colours. The result was colourful patterns with personal stories, and that was what I wanted. Making the experience personal is proof of the piece of art and your daily life could be connected.

I was commissioned to create the ecological programme and activity kit for Jeongneungcheon in Seoul. When I researched the well-managed stream in the urban area, I was full of surprises. There were a lot of Beodulchi, the small fish (Chinese minnow), indicator species of a clean ecosystem, and I was interested by the generation gap in experience of the same fish in the same area. The older generation used to cook and eat the fish, but the younger generation only observed it as a protected species.

I decided to make edible toys to play with the fish so that the younger generation has closer relationships with the local environment and share experience with other generations. I thought it would be nice for the young generation to have eating experience like the older generation. So I made **Beodulchi Candy (2021)** in the shape of real size and similar texture to the fish so that children can at least lick it and put it in their mouth and play with it. The candy became delicious toys to play with generations.

I was commissioned by the Wooran Foundation and initiated a project called **T for 2 (2022)**. The theme was how to enjoy tea time in a virtual environment. It was the time of the COVID19 pandemic and many people felt isolated due to quarantine. I wondered how to maintain a sense of connection in the situation of eating together, so I developed a mobile game application as a toy for playing tea time with people over a distance.

During the study, I planned a series of simulations to get data on how we could play tea time. To make the tea time process interesting, I designed a set of strange teaware that nobody had ever used before. The weird teaware made people discuss and think about how they could use it, and people couldn't help but cooperate because the tools were designed that way.

I made a prototype of a strange tea set and invited 60 pairs of participants to collect data, analyse and typify their actions and reactions while playing tea time. From the collected data, I applied the gameplay and developed the mobile application that was launched during the pandemic.

The most impressive aspect of the project was that the majority of participants commented that they enjoyed the moment regardless of the taste of the tea. This was exactly what I was trying to confirm, that what we need for a good eating experience is more than just the good taste of the food.

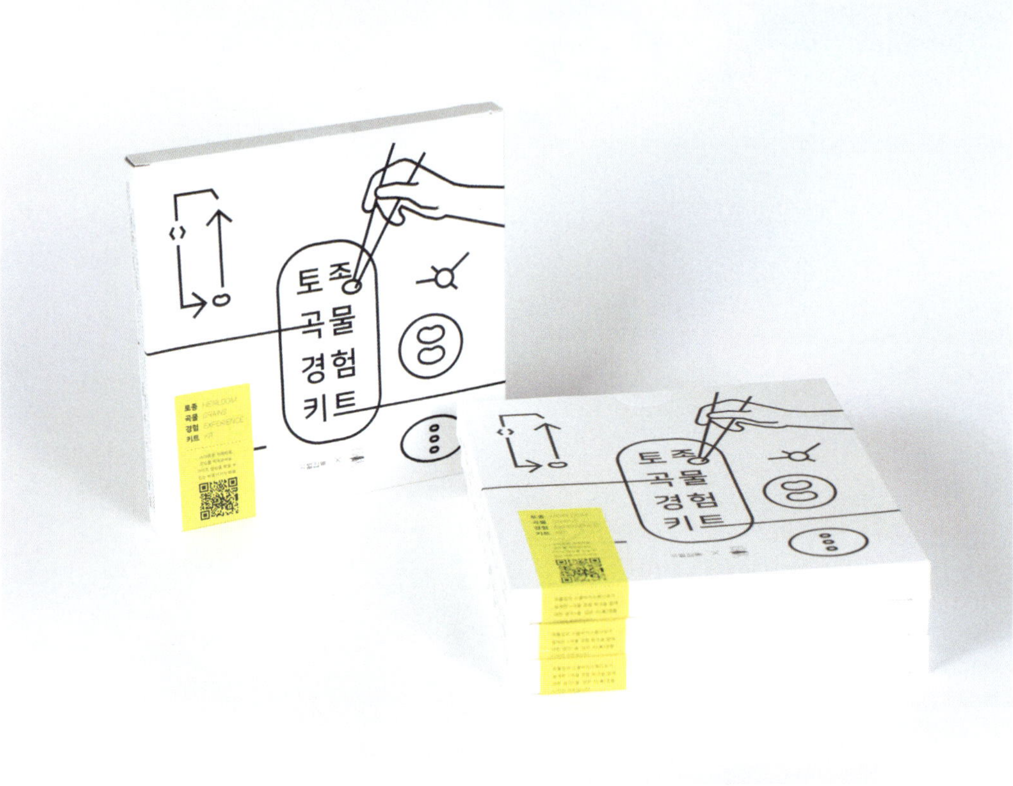

© 곡물집 © A collective grain

1

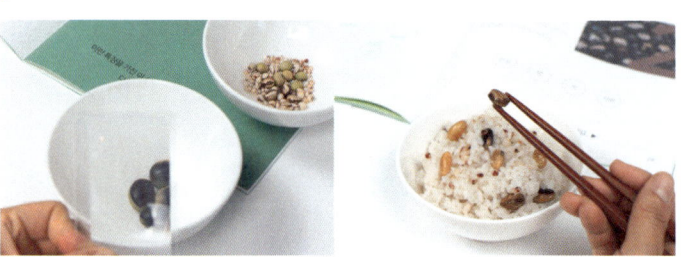

2

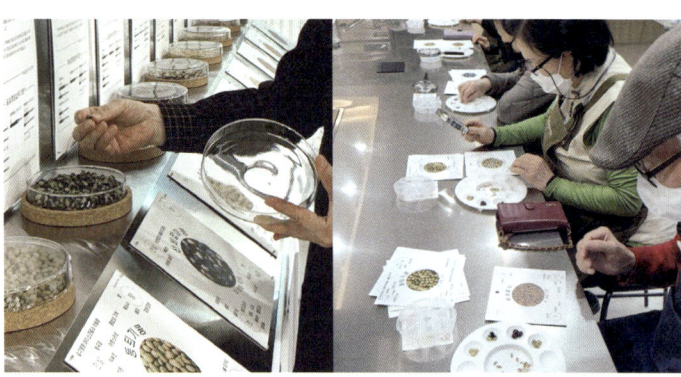

3

1 **토종 곡물 경험 키트** _ 패키지
2 **토종 곡물 경험 키트** _ 활동 예시. 관찰하며 외형으로 한번 인지한 후, 각각 맛을 보며 감각으로 기억하기를 복습한다.
3 시니어 대상의 토종 곡물 경험 워크숍
4 **사발과 상짜기** _ 종이로 만든 밥상 위 식기들로 상짜기 시뮬레이션 후, 좀 더 단순한 형태로 수정했다.
5 도예 장인의 '작품'인 단지들 안에 형형색색의 '발칙한' 음식인 젤리와 사탕을 넣었더니 그 전까지 눈으로 조심스럽게 보기만 하던 사람들이 너도나도 단지에 손을 넣어 단지를 '사용'했다. 경험의 순간이었다.

1 **Heirloom Grain Experience Kit** _ Package
2 **Heirloom Grain Experience Kit** _ Sample Activity After observing and recognising the appearance, participants taste each grain and review the experience with their senses.
3 Heirloom Grains Experience Workshop for Seniors
4 **Playing with tradition** _ After simulating prototypes with paper, sabal was modified into a simpler form.
5 When colourful and 'naughty' foods such as jelly and sweets were put into the jars, people who had previously only seen them as works of art put their hands into the jars and 'used' them.

87

88

사발과 상짜기 Playing with Tradition

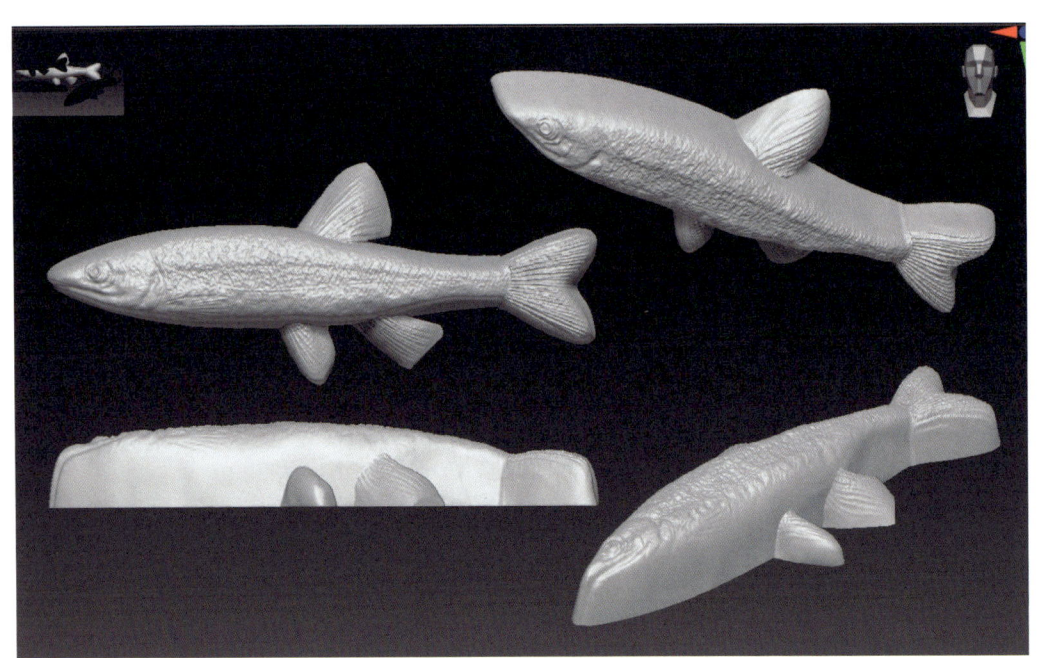

3

1 버들치 사탕 _ 사탕 몰드 제작을 위한 3D 모델링
2 버들치 사탕 _ 사탕 제작 워크숍 후 다 함께 정릉천에서 가지고 놀아보았다.
3 다양한 생물이 서식하는 서울 도심 속 정릉천의 풍경
4 버들치 사탕과 함께 제작한 '버들치 마을 정릉천 생태 관찰 기록 키트' 패키지
5 버들치 사탕은 버들치의 크기와 질감 등의 사실적 구현에 중점을 두었다.

1 Beodeulchi Candy _ 3D modelling for making candy moulds
2 Beodeulchi Candy _ After the candy making workshop, we all played together at Jeongneungcheon Stream.
3 The scenery of Jeongneungcheon Stream in the heart of Seoul, where various creatures live.
4 The "Beodeulchi Village Jeongneungcheon Stream Ecology Observation Activity Kit" package, made with Beodeulchi Candy.
5 Beodeulchi Candy focuses on realistic depictions of the size and texture of the Beodeulchi.

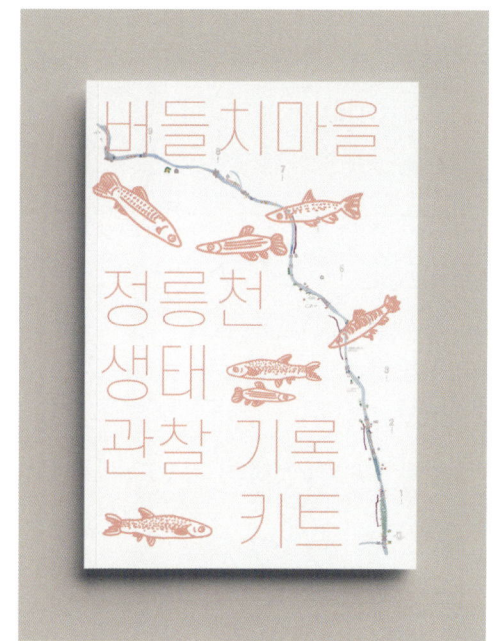

4

5

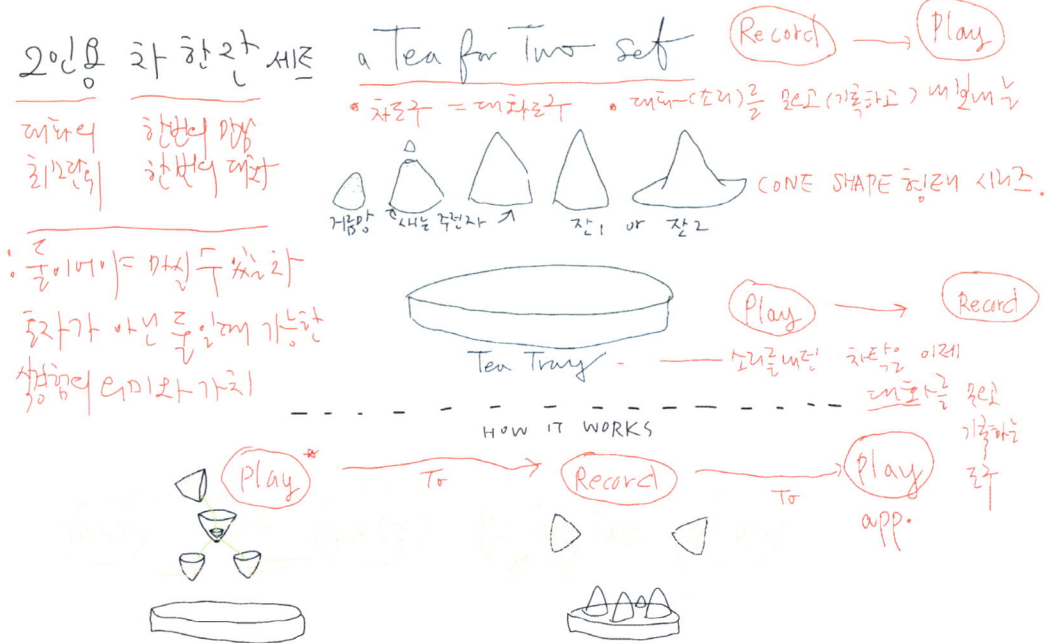

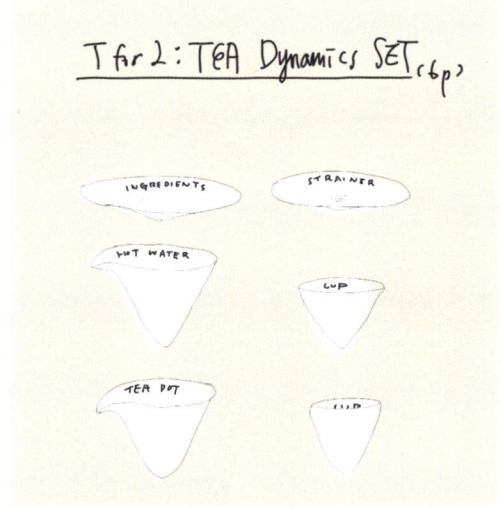

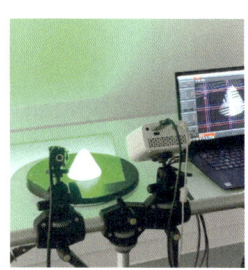

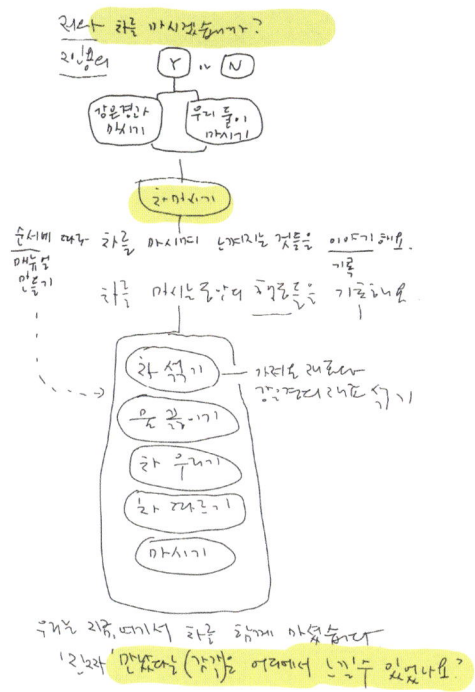
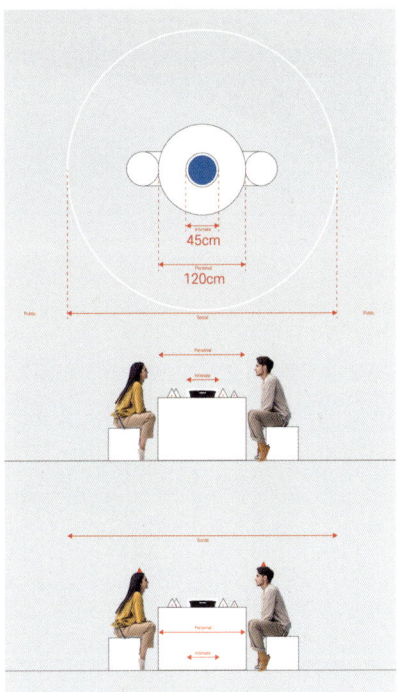

4
5

1 T for 2 _ 아이디어 스케치
2 T for 2 _ '낯선 차 도구 세트'를 위한 드로잉. 불안정한 도구의 형태는 두 사람 간의 협응을 적극적으로 요구한다. 또, 차에 대한 선경험으로부터 두 사람 같은 위계가 생기지 않게 한다.
3 '낯선 차 도구 세트'의 제작 과정. 도자기 재질의 실물 세트를 제작, 스캐닝 과정을 거쳐 가상 공간에 적용했다.
4 모바일 어플리케이션으로 구현할 '차 마시기' 경험을 알고리즘화 하기 위한 스케치.
5 가상 공간에서의 차 마시기 게임 구현을 위해 필요한 데이터들을 얻기 위해 실제 참여자들의 시뮬레이션을 진행했다. 이 때의 공간 구성에는 에드워드 홀의 근접학의 수치들을 적용했다.
6 T for 2 _ 차 마시기 시뮬레이션을 위해 제작된 공간 전경

1 T for 2 _ Idea sketch
2 T for 2 _ sketch for the 'unfamiliar teaware set'. The unstable shape of the tools actively requires coordination between the two people. The teaware set also prevents the formation of a hierarchy between the two people based on previous experience with tea.
3 The production process of the 'unfamiliar teaware set'. A physical teaware set produced and scanned for application in a virtual space.
4 A sketch for the algorithmisation of the 'Drinking Tea' experience to be implemented as a mobile application.
5 A simulation of real participants was conducted to obtain the data required to implement the tea drinking play in a virtual space. The spatial design at this stage used the numerical values of Edward Hall's proxemics.
6 T for 2 _ A view of the space created for the tea drinking simulation.

6

1,2,4,5 '낯선 차 도구' 사용의 흔적들
3,6　　**T for 2** _ 시뮬레이션 이미지. 시뮬레이션 과정에서 각 참여자들이 보여준 행동들을 토대로 가상 공간에서의 '차 마시기 게임'의 규칙을 만들었다.

1,2,4,5 Traces of use of 'strange tea set
3,6　　**T for 2** _ Image of the simulation. The rules of the 'tea drinking play' in a virtual space were created based on the actions of each participant in the simulation process.

4

5

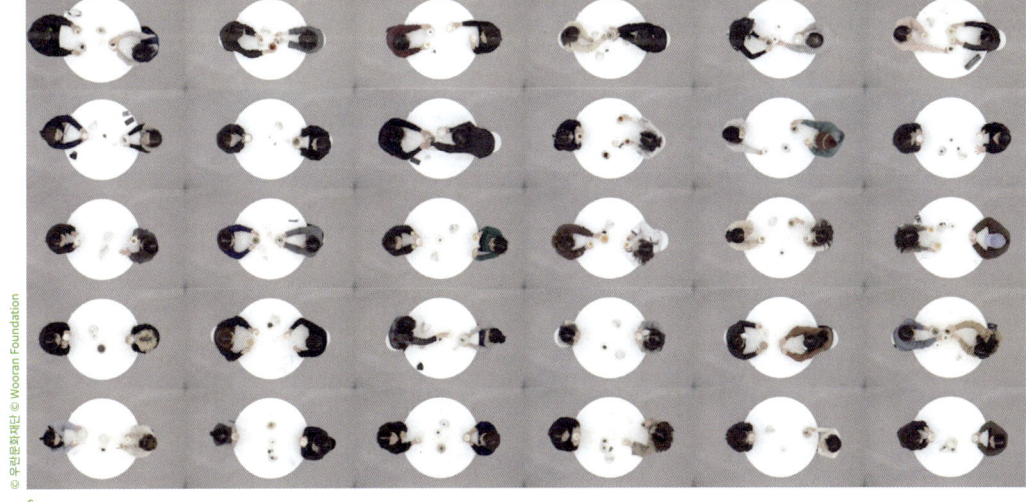

6

1 **T for 2** _ 모바일 어플리케이션 제작 과정
2,3 **T for 2** _ 모바일 어플리케이션 최종 버전의 시연
4 **T for 2** _ 전시 전경

1 **T for 2** _ Mobile application development process
2,3 **T for 2** _ Demonstration of the final version of the mobile application
4 **T for 2** _ Exhibition view

2

3

4

97

미식의 종말, 포스트 미식의 상상

미식의 시대는 끝났다.
좀 과격한 표현같이 느껴지겠지만 미식의 종말을 선언하는 것은 이 시대 미식의 의미를 재정의하기 위해 필요한 가정이자 지극히 디자인적 접근이다.
만약에(Waht if)와 왜(Why, Why not)의 가정과 질문으로부터 디자인이 시작되기 때문이다.

언제부터인가 우리는 미식과 지속 가능함을 붙여 말하기 시작했는데 그것은 지금 우리가 미식이라고 믿는 것이 지속 가능하지 않다는 것을 실토하는 것과 같다. 미식으로만 설명할 수 없는 미식의 가치가 있다는 것은 곧 그 말이 낡아 버렸다는 뜻이기도 하다. 그러니 미식을 이야기하기 위해서는 먼저 그 단어를 버려야 할지 모른다.

미식이라는 단어가 없어진 세상을 상상해보면 그 단어를 대체하기 위해 어떤 다른 단어들의 조합이 필요할지 생각하게 될 것이다. 일러둘 것은 여기서 내가 이야기하고자 하는 미식은 미식의 본질이라기보다 우리가 고민없이 얄팍하고 쉽게 써버리기를 반복해 온 '좁은 의미의 미식'이다.
그런 점에서 나는 미식이라는 단어가 불편할 때가 있다. 미식이라는 허용안에서 지금 우리가 먹거리와 관련해 겪고 있는 많은 문제를 모른척한다고 느끼거나 음식의 산업화가 불러온 부작용들은 어쩔 수 없는 것인 양 슬쩍 눈 감아버리는 느낌이 들 때 그렇다.
우리는 코로나 판데믹과 우크라이나 전쟁, 기후 위기가 수퍼 마켓의 매대를 언제든 텅 비게 할 수 있고 사랑했던 동네의 단골 식당을 하루아침에 문 닫게 할 수 있다는 것을 경험했다. 크고 작은 위협이 계속되고 있는 지금, 미식이라는 단어는 잠시 현실의 쓴맛을 잊게 하는 알약의 설탕 코팅같이 느껴진다.

농업혁명과 산업혁명으로 인해 드디어 인류가 끼니 자체를 걱정하지 않아도 될 만큼의 충분한 식량을 생산하는 쾌거를 이루었을 때 지금과 같은 반성을 할 수 있었다면 얼마나 좋았을까. 하지만 인류는 거기에서 멈추지 않았다.

가속화된 자본주의 시스템에서 음식은 철저히 이윤을 내는 상품으로 취급되었고 우선순위에 밀려 무시되었던 생태와 윤리, 지속 가능성과 같은 가치들은 서서히 개인과 사회의 문제로 드러났다. 산업화된 푸드 시스템은 애초에 쓰레기 매립지로 끝나는 하나의 결말만 가지고 있었고 지금이 그 결과의 시대이다.

현재를 미식의 종말이 도래한 디스토피아라고 가정하면 이 시대에 잘 먹는다는 것의 의미에 대해 적극적으로 질문하고 다양한 상상을 하게 될 것이다.
우리는 포스트 미식의 시대에 이미 도착해있다. 그러니 낡아버린 말에는 종말을 선언하자.
이 시대에 잘 먹는다는 것에 대한 상상을 다시 하자.

문제의 발견, 상황의 설정

식경험 디자인을 설명해야 할 때, 나는 음식, 경험 그리고 디자인의 정의로부터 시작한다.
경험의 재료이자 도구가 되는 것이 음식이라면 디자인은 음식을 둘러싼 어떤 현상에 대한 문제의 발견 및 문제 해결의 과정이다.

여기서 무엇을 문제라고 정의하는가는 디자인 과정에서 매우 중요하다.
디자인은 항상 문제 상황과 문제가 해결된 상황을 양 끝에 놓고 그 사이의 간극을 연결하는 '아이디어 내기'의 순서로 진행되는데 이 중 가장 중요한 부분이 바로 문제의 발견과 상황의 설정이라고 생각한다.

무엇을 문제로 삼을 것인가는 그 자체가 경험의 의도나 궁극적 목표, 문제 해결에 필요한 상상들을 끌어내기도 한다. 미식의 종말을 상상하는 것도 가정과 설정을 통해 현재의 문제를 바라보기 위함이지 미식의 종말을 선언하겠다는 것은 당연히 아니다. 디자인이 항상 미래를 향해있을 뿐이다.

곡물집에서 식경험 디자인 캠프 **멜팅 아이스크림 (2021)** 을 진행했었다.

아이스크림이 녹고 있다는 현재 진행형의 문제 상황을 설정하고 참여자들로 하여금 여러 추측과 상상을 촉발했다. 냉동고가 고장 난 상황, 지구 온난화 등을 떠올려보고 냉동된 상태로 제조, 유통되는 과정에서 발생하는 에너지와 탄소의 배출 등 지금껏 아이스크림과 연결지어 보지 않았을 법한 질문들을 던져봤다.

산업화 이전의 방식으로 전기 없이 아이스크림 만들기를 해보기도 하면서 녹고 있는 아이스크림으로부터 문제를 발견하고 정의하는 디자인의 과정을 체험했다.

아이스크림을 주제로 한 경험은 변주되며 몇 차례 더 진행되었다.

액체와 고체 사이에서 가변적인 상태 변화에 적극적으로 개입하는 인간 그리고 그 찰나적 아이스크림의 본질이 갖는 아름다움에 집중하는 경험으로써 세화 미술관에서 **차갑고 달콤한 팝아트 (2023)** 프로그램으로, 또 한 번은 팩토리2의 ≪한적한 숍≫을 위한 **아이스크림 에스테틱스 (2023)** 로 진행했었다. 예술의 공간이었기에 찰나의 아름다움에 이르는 과정을 나누는 경험이 잘 전달될 수 있었다고 생각한다.

Food apocalypse

The era of gastronomy is over. It may seem like a radical statement, but declaring the end of gastronomy is a necessary design method to redefine what a good food experience can be in our time. Because design always starts with 'what if' and 'why not'.

These days I notice that we use the term sustainable gastronomy, which is like admitting that gastronomy is not sustainable. So in order to talk about gastronomy, we may have to get rid of the word.

Imagine a world without the word gastronomy and you'll start to wonder what other combinations of words would be needed to mean it today. It's important to note that the gastronomy I'm talking about here is the "narrow concept of gastronomy" that we use everywhere as a marketing term.

That's why I'm sometimes uncomfortable with the word gastronomy. I feel that it's a term that allows us to turn a blind eye to many of the problems and side effects of the industrialisation of food, as if they were inevitable.

We've seen how the coronavirus pandemic, the war in Ukraine and the climate crisis can empty the shelves of a supermarket at any moment, and how a beloved neighbourhood restaurant can close its doors overnight. In the face of threats large and small, the word gastronomy feels like a sugar coating on a pill, temporarily numbing the bitterness of reality.

In an accelerated capitalist system, food is treated strictly as a commodity to be made profitable, and values such as ecology, ethics and sustainability have been de-prioritised and ignored. Now the problems are beginning to emerge as individual and societal issues. We are living in the age of consequences.

If we imagine the present as a dystopia with a gastronomic apocalypse, we can actively question and imagine what it means to eat well in this era. We're already in the post-gastronomic era. So let's put an end to the old concept of gastronomy.

Finding the real problem

When I need to explain food experience design, I start with the definitions of food, experience, and design. If food is the material and tool of the experience, then design is the process of discovering and solving problems with the phenomena surrounding food.

In addition, there are 3 steps in the food experience design process. Discovering the problem, imagining the solved situation and setting the specific goal to achieve or explore, and finally getting ideas to connect the gap in between. If you start with a wrong problem, there is no way to get a good result, so finding the real problem is crucial and it is not as easy as you expect.
When you find the real problem, it already contains a solution to the real problem. So It is important to find a real question hidden among phenomena.

I held a food experience design camp **Melting Ice Cream (2021)** in collaboration with 'A collective grain'.

I brought up the situation of melting ice cream to make the participants question and speculate to find out what the problem is that needs to be solved. It made them link broken freezers and global warming, which they had never thought about in relation to ice cream before, such as the electrical energy for the cold chain system and carbon emissions.
A very specific situation made them take it personally, and that often helps us to see how we can get to the macro problems on a personal level. We even tried to make ice cream in a pre-industrial way, without electricity, to be inspired by finding the real problems of the melting ice cream situation.

Since then, I have come to love using the concept of ice cream as an irresistibly attractive material for all people to participate in making and eating, regardless of the theme.
So I have created ice-cream experiences in the gallery space. Once as **Sweet and Cold POP Art (2023)** at Sewha Art Museum and once as **Ice Cream Aesthetics (2023)** at Factory 2's project <<Mindful Shop>>.

Both experiences questioned why it is so easy to have ice cream today and why not in the past, who had a happier experience, etc. The participants were surprised twice, firstly when they found out that making ice cream without electricity means churning by hand for over 40 minutes, and that ice cream without additives melts so quickly.

After having happy moments of eating handmade ice cream, we discussed what makes the ice cream experience so special and memorable, what kinds of aesthetics we could find in making food and eating it.

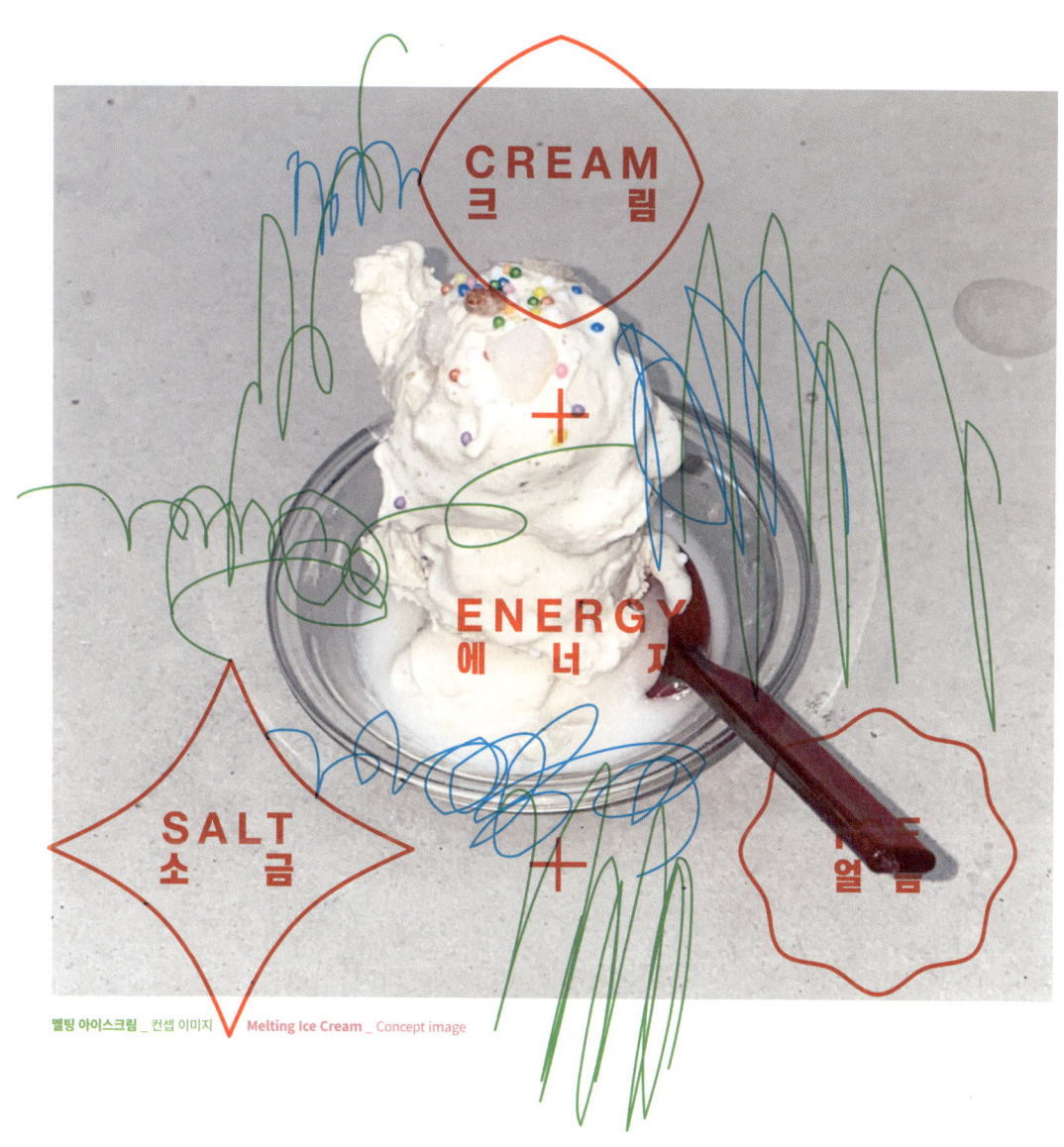

멜팅 아이스크림 _ 컨셉 이미지 **Melting Ice Cream** _ Concept image

1

2

1 차갑고 달콤한 팝아트 _ 컨셉 이미지. 팝아트의 우연의 해프닝과 아이스크림이라는 찰나의 상태를 표현했다.
2 아이스크림 에스테틱스 _ 컨셉 이미지. 서서히 녹는 아이스크림의 연속 이미지를 통해, 아이스크림의 상태가 본질의 아름다움으로 연결되도록 표현했다.

1 Cold and sweet POP Art _ Concept image. The serendipity of POP art and the ephemeral nature of ice cream.
2 Ice Cream Aesthetics _ concept image. Through a series of images of slowly melting ice cream, the state of ice cream is directly linked to its ontological nature.

식경험 디자인은 연결하기의 기술

나는 디자인을 익숙한 것들의 낯선 연결이 만들어내는 새로운 맥락과 의미로 정의하곤 한다.
한 마디로 디자인은 연결하기의 기술이다.

나는 이 낯선 연결이라는 디자인의 핵심을 직관적으로 표현하는 것을 좋아한다. 그래서 음식 경험이 실제로 일어나는 물리적 환경 속에서 실과 바늘, 천과 끈을 자주 사용하기도 하는데 개인적인 이유도 있다.
음식 경험 디자인을 하기 전, 대학교에서 시각 디자인과 함께 의류 디자인을 공부했고 졸업 후 첫 커리어도 패션계에서 그림을 그리는 일들을 했기 때문에 이런 재료들과 친숙하기도 했다.
일과 공부를 떠나서도 바느질과 뜨개질 같은 것들은 좋아했기 때문에 언제나 집에는 천과 끈, 실과 바늘이 있어 자연스럽게 식경험의 작업에도 사용하다보니 이제는 내 작업의 특징이 된 것 같기도 하다.
특히, 실과 끈은 그야말로 낯선 것을 연결하기라는 의미를 직관적 표현할 수 있어 좋다.

나는 주로 형광색의 끈, 실을 사용하는데 이것은 자연에 없는 색으로써 인간의 행동이나 의지를 재료와 구분해 뚜렷이 보이려는 의도이다.
재료들을 실에 꿰는 작업들이나 끈으로 연결된 채 차를 마시는 작업 등에서 드러나는 실과 끈의 역할은 작업의 핵심이 되기도 한다.

부산 구봉산의 식물생태 아트리서치 ≪소요의 시간≫에 참여해 만든 것은 숲을 관찰하는 동안 참여자들이 관찰의 도구인 확대경으로도 쓰면서 간식으로 먹을 수도 있는 **채집가의 젤리 (2019)** 였다. '확대경-젤리'의 낯선 연결은 음식을 도구로서 경험하기를 의도한 것이었다.

은아목장에서 선보였던 **우유의 일생 (2018)** 에서는 우유가 가공되는 과정에서 접할 수 있는 다양한 유가공품들을 가공 숙성 발효의 맥락에서 경험할 수 있도록 고안한 플레이트 위에 올려 순서대로 맛보게 함으로써 한 장면 위에 맥락으로써 다양한 유가공품들을 이해할 수 있도록 했다.

곡성의 마을 여행사로부터 곡성 여행, 발효 음식, 힐링과 테라피를 주제로 한 식경험 프로그램의 개발을 의뢰받았을 때 여행, 음식, 치유와 회복은 이미 우리에게 익숙하게 떠올려지는 기존 이미지들이 많기 때문에 새로운 맥락을 만들기 위해서는 새로운 상징이 필요했다. 그렇게 동의보감과 마인드풀니스Mindfulness(마음 챙김)의 개념을 끌어와 **마인드풀 곡성 (2023)** 프로그램과 발효음식 키트를 만들었다.

동의보감은 건강과 관련해 한국인에게 두루 친숙한 책이지만 이 프로젝트에서는 효능적 측면보다는 전체 원리가 품고 있는 몸과 마음의 균형, 자연과의 조응을 전면에 드러나게 사용하면서 여행, 음식, 치유의 내용들을 하나로 엮어냈고 이것을 시각적으로는 '몸 안의 풍경'이라 이름 붙여진 동의보감 내경(內景)편의 오장육부 그림들로 상징화했다.

부산 다대포에서 진행된 ≪1제곱미터의 우주≫에서는 **파래떡 : 바다와 나는 나누어 먹는다 (2022)** 라는 이름으로 파래떡을 만들었다.
지역을 리서치하면서 찾은 파래의 의미를 기원의 음식인 시루떡에 담아낸 상징적 음식으로 원래 없던 음식이었다.

다대포의 파래는 옛 다대포의 호황기 상징인 멸치가 멸종된 후 그 자리를 대신하고 있는 지역의 생산물인데, 매년 작황이 좋지 않고 씨가 마르는 상황을 알게 되었다. 나는 파래가 많이 나기를 바라는 마음과 또 다시 마주할 지 모르는 멸종의 우려를 모두 담은 음식으로 파래떡을 만들게 되었다.

파래떡을 만드는 과정에서 이 낯선 음식에 대해 사람들이 보인 반응들은 매우 흥미로웠다.
우선 모든 사람이 이 낯선 음식의 맛을 궁금해하고 시식에서도 예상보다 더 긍정적 반응들이 많았는데 파래떡의 맛이 녹차나 쑥으로 만들었다고 오해할 정도로 향긋하고 맛이 좋아서 파래떡을 먹은 다대포 사람들조차도 끝까지 파래로 떡을 만들었다는 것을 믿지 못하는 해프닝이 있을 정도였다.

이렇게 만들어진 파래떡은 다대포 바닷가에서 사람들과 함께 고시레 의식을 했다.
눈에 보이지 않는 존재와도 그 몫을 나눈다는 의미의 고시레를 할 때에 대부분의 참여자들은 고시레를 처음해본다고 했는데, 그 사이에 한 분이 현금을 흰 봉투에 정성껏 넣어 오셨었다. 고사 의례에 익숙한 이에게 파래떡은 실제 기원의 음식이 된 것이었다.

The skill of connecting

I like to define design as the skill of connecting that creates new context and meaning. To do this, I often like to imagine thread and needle, or use them in the physical setting of the food experience. Partly it's because I studied fashion at university and started my career in the fashion media industry.
And I've always loved sewing and knitting because it's a way of showing my intention through the way I connect. Perhaps that is why I naturally use them to present my idea and I think it has become a feature of my work.
In terms of signature colour, I like to use fluorescent pop colour thread and yarn, the opposite colour to that found in nature, to represent human action or behaviour.

I participated in the <<Time to ramble>> project in Gubongsan, Busan and created **A forager's jelly (2019)**.

I made a transparent, semi-spherical jelly that participants could use as a magnifying glass during the forest research tour programme, and eat as a snack when they were peckish. The strange combination of 'magnifying glass and jelly' made for an interesting experience of food as a tool.

I created a tasting workshop called **The Life of Milk (2018)**, which was presented at Eunah Ranch. To introduce different ways to eat dairy products, I made a special plate with a line graph of all dairy products that can be obtained in the process from raw to fermented. People could match the taste and process to understand the characteristics of each dairy product.

In 2023, I commissioned the local community travel agency in Gokseong to create a food experience programme with fermentation-themed experience kits. I needed to include the concept of healing and therapy accompanied with the local fermentation resources and attractions of natural scenery to promote the area.
I thought I needed a new name to bring all these ideas of fermentation, scenic attractions, travel, retreat into one expression that encompasses them all, but gives a fresh impression.

I was inspired by the book 'Donguibogam', a Korean medical encyclopaedia published in the 17th century, which describes the principles of mind-body balance and harmony with nature. Interestingly, the author, the royal physician Heo jun in the Joseon Dynasty, drew an analogy between human organs and their function and an ecosystem in nature. He called the anatomical diagram of the human body "the landscape inside the body" and made people understand how we live in balance with the environment, the same landscape outside our bodies.

I was fascinated by the concept of overlaying the landscape of nature and the body.
I called the project **Mindful Gokseong (2023)** and made 3 DIY fermented food kits using local ingredients to make fermented food, short articles about life lessons from Donguibogam, and a simple physical exercise guide to follow

people as they travel and stay in the local area. I made ribbons and bojagi (wrapping cloth) with illustrations of 5 organs to show the idea of holism.

I made **Laver tteok : The sea and I share the plate (2022)** for the project <<1 square meter Universe>> in Dadaepo, Busan.
While researching the area, I learned that the area used to be famous for anchovy, which has become extinct due to urban development and climate change, and now laver, the seaweed, has replaced it, but laver farming is also under threat.

I decided to make tteok, a rice cake with laver, as a link between the meaning of wish and concern for endangered local products.
In Korean culture, rice cakes are the food for the ceremony of wishing and celebration. I made a connection between what rice cakes represent and laver.

I made laver rice cakes in collaboration with a local rice cake shop, and it was very interesting to see people's reactions to this strange food during the making process.
The local people were curious about the taste of the laver rice cake because they had never tasted such a food before, and the tasting feedback was much more positive than expected, even though they could not believe that it was made with their laver.

For the public event, I had a public event with laver tteok on the shore of Dadaepo. We did the act of Gosire, which is known as a ceremonial act of sharing with the invisible, usually the ancestors. I was hoping this performance would have a new meaning today as a way of becoming aware of living with non-human or other species by sharing with the unrecognised.

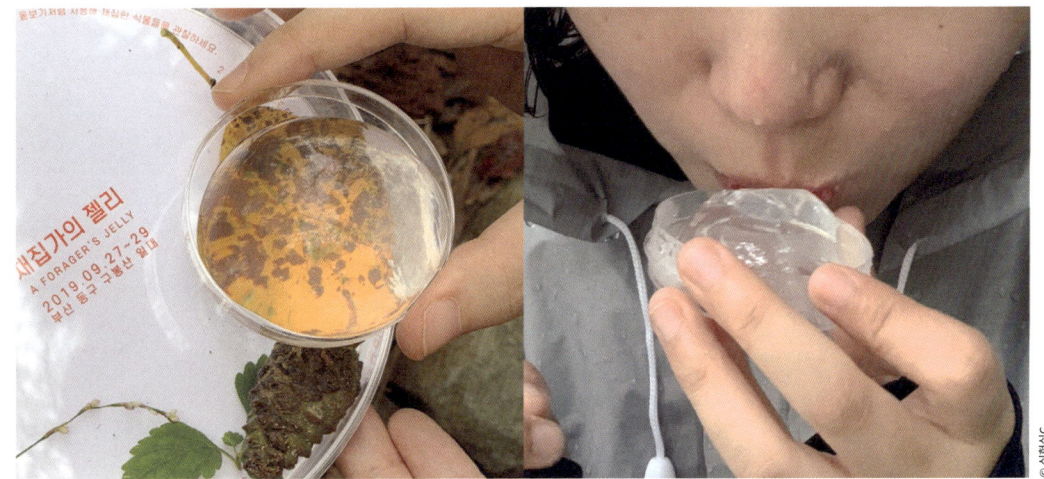

1

2

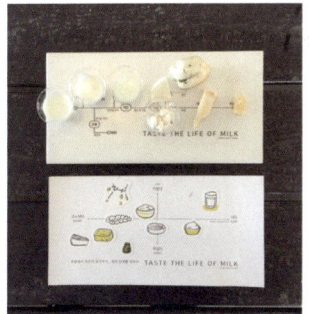

3

1 **채집가의 젤리** _ 확대경으로 사용하고나서 간식으로 먹는다.
2 **우유의 일생** _ 플레이팅 모습
3 **우유의 일생** _ 워크숍에서는 순서대로 다양한 유가공품을 먹고 느낀 맛을 지도 위에 맵핑해보기도 했다.

1 **A forager's jelly** _ Use jelly as a magnifying glass and then eat it as a snack.
2 **The life of milk** _ The plate
3 **The life of milk** _ In the workshop, participants mapped the taste of different dairy products on a plate after eating them in order.

1

2

1 표고버섯 스웨터
2 애호박 스웨터
3·5 무 장식의 옷들

1 Shiitake mushroom sweater
2 Courgette sweater
3·5 Radish beaded clothes

3
4

1 **마인드풀 곡성** _ 발효 키트 패키지
2 **마인드풀 곡성** _ 발효 키트별 구성
3 곡성 풍경
4 발효 키트의 보자기는 가방이나 손수건 등으로 다양하게 사용한다.
5 동의보감 오장육부 그림. 장기의 형태가 아닌 기능이 그림으로 표현되어 있다.
6,7 발효 키트에는 곡성의 자연 속에서 먹고 쉬고 걷는 활동이 포함되어 있다.
8 발효 키트를 묶어주는 리본에는 동의보감의 오장육부 그림과 함께 동의보감의 말씀이 적혀있다. 한 구절씩 읽으며 자연과 연결된 나를 느껴보는 시간을 갖는다.

1 **Mindful Gokseong** _ Fermentation Kit Package
2 **Mindful Gokseong** _ Composition of Each Fermentation Kit
3 Scenery of Gokseong
4 The bojagi (wrapping cloth) of the fermentation kit can be used in various ways, such as a bag or a handkerchief.
5 Illustration of the five internal organs in Donguibogam. The illustration shows the functions of the internal organs, not their anatomical shapes.
6,7 The fermentation kit includes activities for eating, resting and walking in the nature of Gokseong.
8 The ribbon that holds the fermentation kit together has the words of Donguibogam written on it, along with an illustration of the five internal organs of the human body. Take time to read each passage and feel connected to nature.

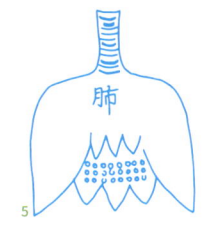

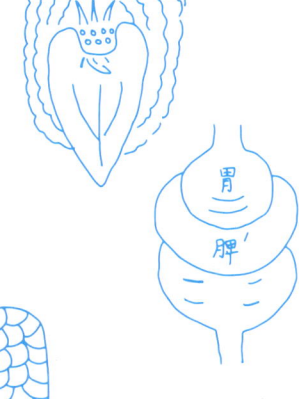

6

7

8

111

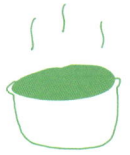

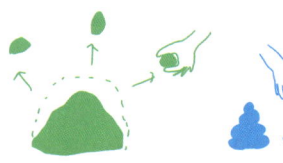

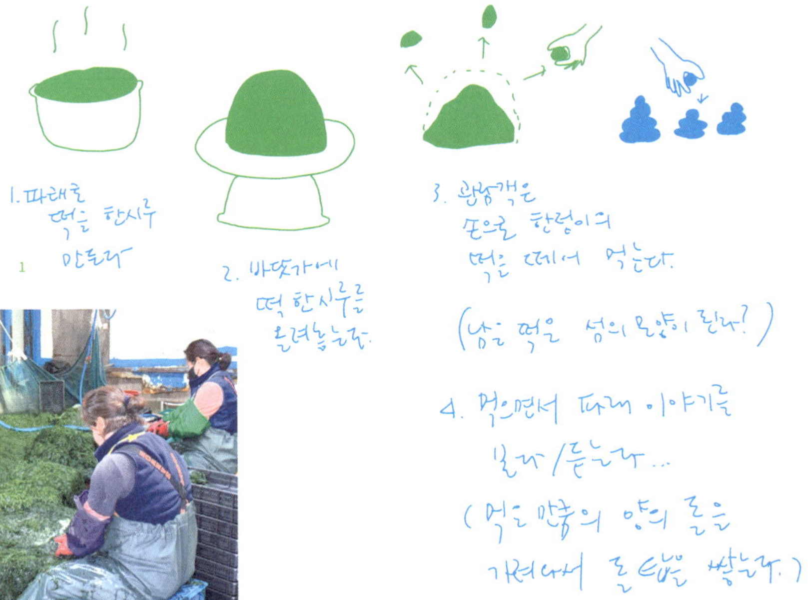
1. 파래로 떡을 한시루 만든다
2. 바닷가에 떡 한시루를 올려놓는다.
3. 관광객은 손으로 한덩이의 떡을 떼어 먹는다.
(남은 떡은 섬의 모양이 된다?)
4. 먹으면서 파래 이야기를 보고/듣는다...
(먹은 만큼의 양의 돌을 가져와서 돌탑을 쌓는다.)

1

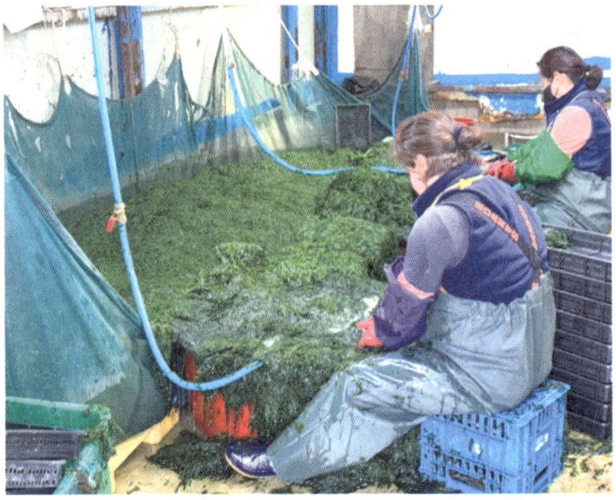

2

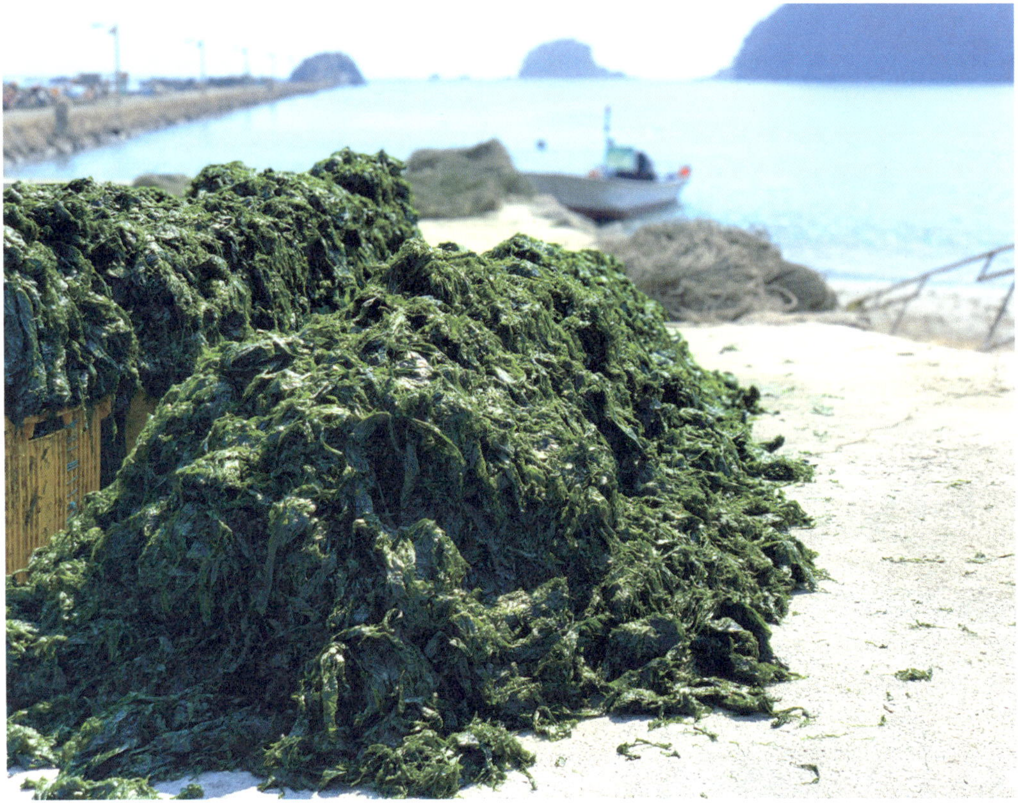

3

1 파래떡 _ 아이디어 스케치. 떡을 나누어 먹는 행동과 기원하는 마음을 어떻게 연결할지 고민했다.
2,3 부산 다대포의 파래 작업장과 경매장에서 현지분들을 통해 파래 양식의 사정을 들을 수 있었다.
4,5,6 다대떡집 사장님 부부가 파래떡을 만들어주셨다.
7,8,12 파래떡 고시레할 장소 후보군들
9,10,11 파래떡을 참여자들과 고시레했다.

1   Laver Tteok (rice cake) _ Idea sketch. I thought about how to connect the act of sharing rice cakes with the wish for future sustainability.
2,3   I was able to learn about the reality of laver farming from local people in Dadaepo, Busan.
4,5,6   I collaborated with a local rice cake shop to make laver tteok.
7,8,12 Candidates for the place to eat laver tteok
9,10,11 Sharing the performance with the participants

113

먹는 이의 표정, 와닿는 경험

모든 디자인은 사용자의 경험을 전제한다. 식경험 디자인도 마찬가지다. 다만 음식의 경험을 디자인한다는 것이 음식 자체보다는 그것을 경험하는 사람에게 방점이 있기에 음식 자체에 매몰되지 않으려 노력한다.

나는 만들게 될 식경험의 가장 중요한 장면을 머릿속에 미리 떠올려보곤 한다.
장면 속에는 공간의 온도와 빛, 공간을 채우는 소리, 향, 사람들의 움직임 등 상상할 수 있는 모든 세세한 것들이 포함된다. 무엇보다 그 장면 속 사람들의 표정을 최대한 구체적으로 상상한다. 그 표정들이 나의 의도이자 목표이기 때문이다. 즐거워하거나 놀라거나 탐색하거나 혼자 몰두하거나 때로는 무엇을 해야 할지 몰라 길을 잃은 표정들까지 내가 의도한 바로 그 표정과 행동을 시간의 순서대로 그려보면서 그런 표정과 행동을 유도하기 위한 장치들을 구체적으로 설계한다.
식경험 디자인의 결과는 접시 위에 있지 않고 먹는 이의 표정에 있다.

한편, 개인에게 잘 와닿지 않는 주제와 관련한 식경험 디자인의 일을 의뢰받는 경우도 많다. 예를 들면 지속 가능성이나 기후 위기, 품종 다양성이나 식량 자급과 같은 사회적 이슈들이 그렇다. 내용의 중요성에 비해 사람들의 인식이나 행동이 잘 움직여지지 않는 난제들은 결국 얼만큼 그 주제에 대한 개인의 공감을 끌어낼지가 관건이다.
물론, 한 사람의 식습관을 변화시키는 것이 그 사람의 종교를 바꾸게 하는 것보다 어렵다는 우스갯소리가 있을 정도로 개인의 식(食)행동에 변화를 일으키기란 어렵다. 이때 내가 중요하게 생각하는 것은 각자 와 닿을 수 있는 경험의 구체적 접점을 만드는 것이다.

팩토리2의 프로그램 ≪온 균≫에서 **발효 기억 전당포 (2020)** 를 진행했었는데 발효와 관련된 개인의 기억을 마치 소중한 물건을 전당포에 맡길 때처럼 가져와 그것에 대해 이야기 나누고 기록하는 일종의 인터뷰 시리즈였다. 참여자들과 간장으로 그림을 그리며 냄새가 자극하는 발효의 기억을 떠올려 이야기 나누고 그 순간의 감정이 담긴 표정들은 초상화 사진으로 남겼다.

흥미로웠던 것은 그들이 발효와 관련된 기억을 말할 때 사용한 표현이었다. 걱정된다, 의심된다, 돌본다, 뿌듯하다, 행복하다, 괴롭다, 자랑스럽다, 부끄럽다 등 무의식적으로 살아있는 것에 대해 말할 때 쓰는 어휘들은 발효 음식을 살아있는 것으로 대하고 있음을 보여주는 것이었다. 특히 그 기억을 말할 때의 표정들은 발효 기억 속에 살아있는 감각과 감정들을 생생하게 보여주었다.

곡물집에서 ≪지속가능한 미식의 날≫행사를 위한 **선-에서 원-으로 : 연결되는 콩 고르기의 라운드 테이블 (2023)** 을 진행했다.
지속가능한 미식을 위한 다양한 이야기를 나누는 자리에서의 식경험이었는데, 둥근 채반을 테이블 삼아 삼삼오오 둥글게 모여 앉아 거기에 담긴 토종 콩들에 섞여있는 쭉정이를 골라내며 이야기하도록 했다.

몸을 움직이는 신체적 행동과 생각을 나누는 인지 행동이 동시에 필요하다고 생각했다.
콩 고르기라는 내 앞에 당장 닥친 과제를 여러 사람과 함께 해결해 보면서 참여자들은 토종 곡물 농자의 이면에 있는 맨손 노동의 수고로움이나 어느 정도까지를 골라내야 할지에 대한 선별의 기준과 같은 이야기들을 자연스럽게 꺼내게 되었고 이것은 음식의 지속 가능하지 않음과도 연결되는 구체적 상황이기도 했다. 결과적으로는 콩 고르기를 했던 몸의 기억이 참여자들에게 이날의 주제를 떠올릴 때 손의 감각과 함께 와 닿는 것이 되길 의도했다.

2022년 우란문화재단에서 전통과 여성, 술 문화에 대한 주제로 여성 도예가들의 술병과 술잔 작품들을 선보이는 전시 ≪그녀의 자리≫에 전시 식경험 기획으로 참여했을때 의뢰받은 것도 작품의 '와닿는 경험'이었다.

관객 입장에서 관람과 경험의 차이를 두기 위해서 나는 작품이 실제 술잔이 되어 손에 쥐어지고 입술에 닿아야 한다고 생각했다. 술을 빚어 잔에 담아 마시는 경험이어야 하니 전시 주제에 어울리는 술을 찾게 되었고 과하주를 선정하게 되었다.

과하주는 여름을 나는 술이라는 별칭의 조선 시대 술이다. 더운 여름에 술이 쉬지 않도록 증류주를 더해 빚는 주정 강화주의 일종으로 서양의 포트와인보다도 앞선 것이라는 의미도 있었고 이런 과하주의 발명이 집집마다 술을 빚어왔던 이름 없는 여성들에 의한 것이었다는 데서 주제에 잘 맞는 술이라고 생각했다.

고조리서의 술을 재현하는 팀과 함께 과하주를 빚어 전시를 관람하시는 분들이 한 잔씩 작가의 작품에 담긴 새콤달콤 향긋한 과하주를 음미하며 전시를 보도록 전시 기간동안 **과하주 바 (2022)** 를 운영했다.
작품에 술을 담아 한 모금 하는 순간 관람객의 얼굴에 피어나는 미소를 볼 때마다 나도 웃음이 지어졌다.

Good experiences are not on the plate.

User experience is a requirement for food experience design as well. Because food experience design is designing human behaviour and perception of food and eating at the end of the day.

To focus on this, I like to imagine a single picture in my mind that captures the climax of the whole experience. I try to depict the scene as specifically as possible, including every detail I can think of: from lights, sounds, smells, to people's postures and actions, etc. Above all, imagining the specific expressions of the people is crucial, which would decide the key emotions I wanted to convey through the experience.

The results of food experience design are not on the plate, but in the people's expression. And you would know if your design is good or bad by their body expressions. It is more honest than written surveys to tick boxes.

When I have to work on serious issues like sustainability, climate crisis, biodiversity, etc., these are all demands that raise awareness or change our behaviour, and I think the most important point is to make people take it personally. I think that makes the difference between good design and bad design.

For 'Factory2's <<On Qyun>> programme, I hosted **Fermentation Memory Pawnshop (2020)**, a series of interviews with participants about their personal memories of fermentation, taking their portrait picture when they recalled the memory and pawning it as a valuable item. We also draw the memory with soy sauce to stimulate the smell.

What I found interesting was the words they used to describe their memories. They used the same vocabulary as for living things, such as worry, care, doubt, proud, happy, disappointed or ashamed. This clearly showed that we unconsciously recognise fermented foods as living things.
In particular, their facial expressions in the picture illustrated the vividness of their fermentation memories.

I presented **From Line to Circle: A Roundtable for Sorting Beans (2023)** for the <<the Sustainable Gastronomy Day>> event at 'A Collective Grain'.
For the event, I thought about what we could do to do some meaningful physical activity related to sustainability, rather than just sitting and listening to someone else's stories.

I decided to set up a big round bamboo tray as a metaphor for a round table and sit around it sorting the bad beans from the unsorted heirloom beans straight from the local farmer. Sorting beans is intensive, bare-handed labour

115

and I just wanted to help the farmer and be aware of the hidden labour in small-scale ethical farming while we can still talk about sustainability.

Combining physical movement with the cognitive act of thinking is an effective way to create a long memory on the topic. Sorting beans with a group of people spontaneously brought up personal stories that eventually connected to the unsustainability of food.
In 2022, I was commissioned by the Wooran Foundation to participate in the exhibition <<A Place of Her Own>>, which showcases the work of young ceramic artists on the theme of tradition, women and drinking culture, and I was invited to create an experience for the audience.

I immediately thought that I had to brew the drink for the exhibition, put it in a work of art and let the audience drink it.
What I had to do was find a traditional liquor to match the theme of the exhibition and I chose Gwahaju.

Gwahaju is a Joseon Dynasty liquor known as the drink that lasts in summer. It is a kind of fortified liquor to prevent it from going bad in the hot and humid Korean summer, and it predates port wine in the West. It was a great invention, but it was underrated because it was made by unnamed women who made it for home use without any credit or recognition.

So I decided to pay tribute to these invisible makers as collaborating artists of the exhibition by making their edible artworks and exhibiting them together. The **Gwahaju bar (2022)** was open during the exhibition. Every time I visited the bar, I saw smiling faces as they took a sip of the liquor in the artwork.

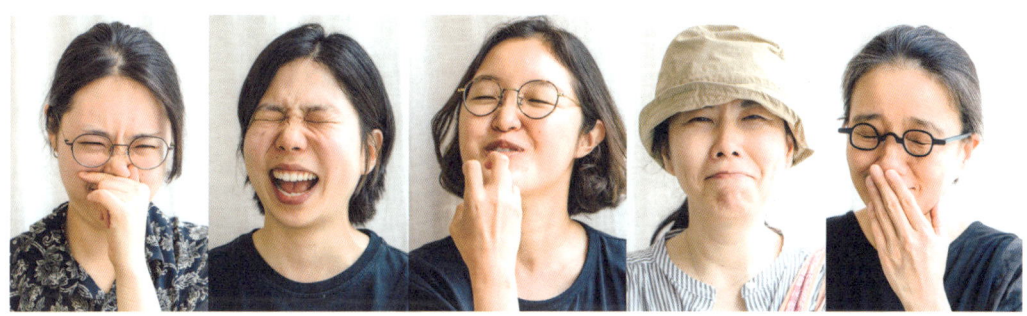

블랙 빈을 좋아하지 않았어요. 그런데 어느새 괜찮아진 거예요.
지금은 청국장도 좋아하고요.
왜 그런걸까요?

I didn't like black beans. But suddenly it became okay.
Now I even like cheonggukjang.

외할머니가 돌아가시고나서는 김치가 빨리 삭는데요.
김치냉장고가 문제인가, 왜인지 모르겠어요.

After my maternal grandmother passed away, the kimchi would go bad quickly.
Was it a problem with the kimchi fridge? We didn't know why it was so.

만든 지 2년 된 된장인데 상했는지 아닌지 모르겠어요.
그런데 버리지는 못하겠는 거예요.
살아있을지도 모른다고 생각하니까요.

It's been two years since I made this doenjang, but I don't know if it's gone bad or not.
But I couldn't throw it away, because I thought that it could still be alive.

집에서 보내준 장이나 김치는 걱정이 없는 거예요.
상하지 않고 언제나 먹을 수 있으니까요.

As long as I have the 'jang' and kimchi sent to me from home, I feel relieved.
Because it doesn't go bad and I can eat it whenever.

그런데 살아있으니까
살아있다는 게 신경쓰여요.
죽었는지, 살았는지 계속이니.

But because it's a living thing, it's existence bothers me.
It continues dying and living.

발효의 첫 기억은 토 나왔어요. 미안해요.
균, 지금은 여행의 기억, 친해져요 균.
모든 나라의 맛, 깊은 맛.
하지만 어려워요. 건강한 균과 상한 균 사이.

My first fermentation memory is of vomitting. My apologies.
Now, bacteria is the memory of travel. I became more acquainted with bacteria.
The taste of every country, the deep taste.
But it's difficult. The relationship between healthy bacteria and bacteria that causes spoilage.

발효 기억 전당포 _ 간장으로 그린 발효의 기억들, 발효의 기억 초상화중 일부 , 인터뷰 내용중 일부
Fermentation Memory Pawnshop _ Memories of fermentation drawn with soy sauce, Portraits of memories of fermentation, Memories of fermentation interview

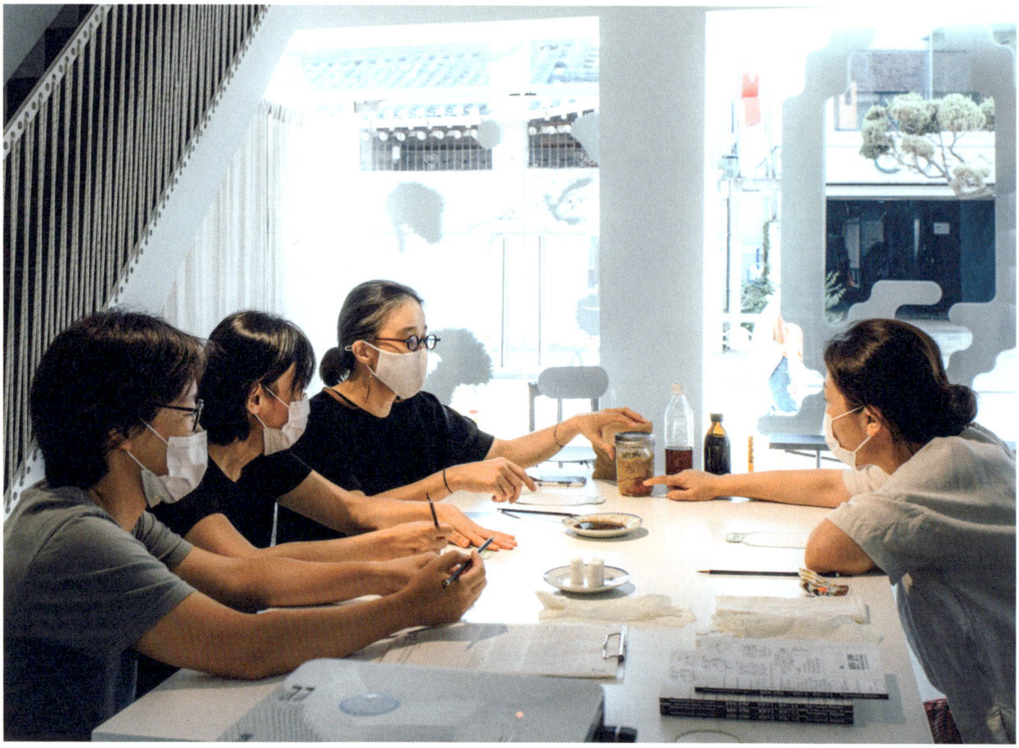

1

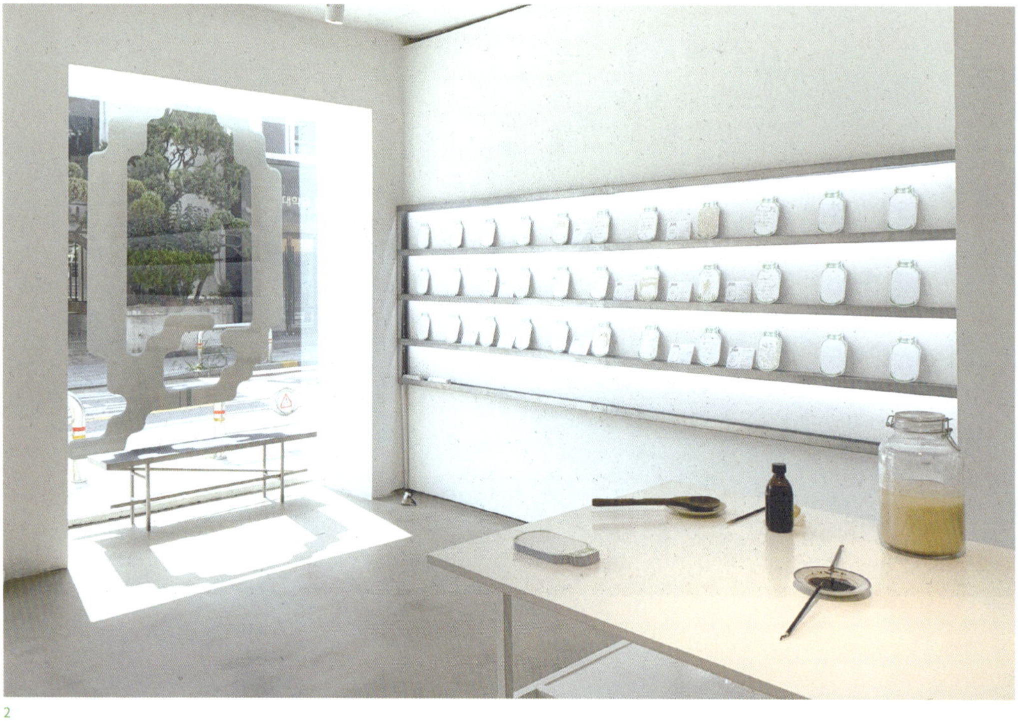

2

© 팩토리2 © Factory2 © Yolanta C. Siu

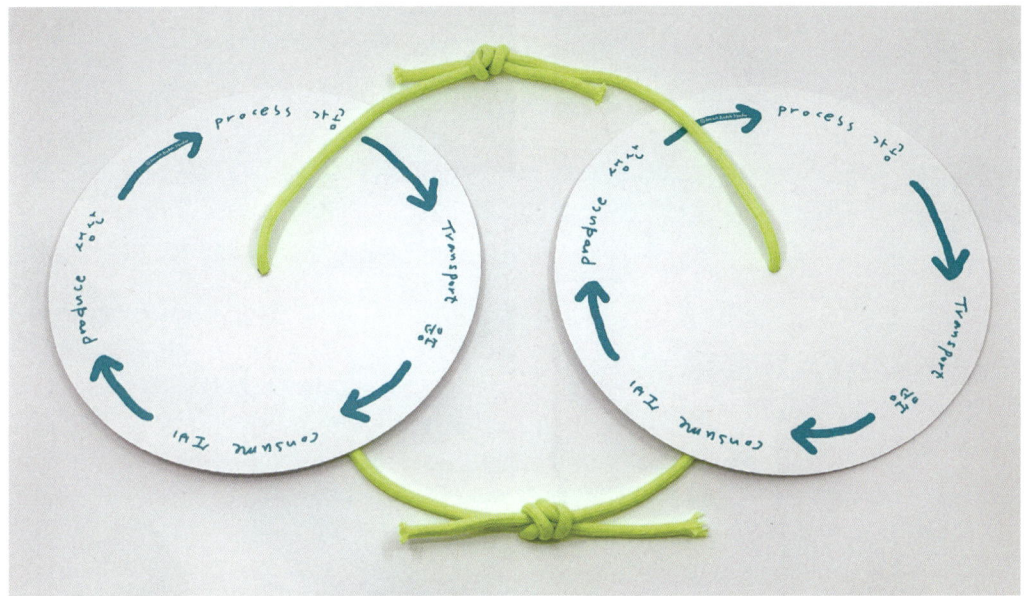

3

4

5

1 **발효 기억 전당포** _ 인터뷰. 인터뷰이들은 직접 발효 기억과 관련된 음식을 가져오기도 했다.
2 **발효 기억 전당포** _ 전경. 테이블 위에는 드로잉 재료로 사용한 간장과 익어가고 있는 막걸리도 있었다.
3 푸드 시스템 휠. 각자의 음식 경험들을 적어본 뒤, 끈으로 다른 이와 연결해 서로의 식경험을 비교해 읽어보거나 질문과 고민을 나눌 수 있다. 옆 사람과 끈으로 연결하는 행동은 의식적으로 함께 먹는 관계, 연결된 관계를 인식하게 만든다.
4 **선-에서 원O으로** _ 각자의 식경험을 적어본다.
5 **선-에서 원O으로** _ 연결된 관계는 순환적 시스템 안, 일시적 식구를 의미한다.
6 **과하주 바** _ 문헌 속 우리 술을 재현하는 복술복술팀과 함께 과하주를 빚었다.
7 **과하주 바** _ 작가들의 잔에 따른 과하주를 전시를 둘러보는 동안 조금씩 음미한다.
8 **과하주 바** _ 경험하고 싶은 작가의 잔을 선택하면 그 잔에 과하주를 마셔볼 수 있다.

1 **Fermentation Memory Pawnshop** _ Interview. The interviewees also brought food related to fermentation memory.
2 **Fermentation Memory Pawnshop** _ On the table, there was also soy sauce used as drawing material and fermenting makgeolli for inspiration.
3 Food System Wheel. After writing down their own food experiences, they can connect with others with a string to read and compare each other's food experiences or share questions and ideas. The act of connecting with someone next to you with a string makes you consciously aware of the relationship you have with each other and the connection between you.
4 **From Line to Circle** _ Write down your own food experiences.
5 **From Line to Circle** _ making a circle form means temporary kinship within a circular system.
6 **Gwahaju Bar** _ I brewed Gwahaju with the Boksoolboksool team, who recreated our traditional drink from old documents.
7 **Gwahaju Bar** _ You can enjoy Gwahaju in the glasses of four artists while looking around the exhibition.
8 **Gwahaju Bar** _ If you choose the glass of an artist you want to experience, you can drink Gwahaju in that glass.

6

7

8

120

보이지 않는 것을 보이기

식경험을 디자인한다는 것이 때로는 공기를 주물러 조각을 만드는 것처럼 느껴질 때가 있다.
나의 시작이 시각 디자인이었기 때문일지도 모르겠다. 말하자면 이제 '보이는 디자인'에서 '먹는다'의 디자인이라는 '보이지 않는 디자인'까지로 일의 영역이 넓어진 것인데 그러다보니 아이러니하게도 보이지 않는 경험을 보이는 방법에 대해 더욱 고민하게 된다.

여행의 추억이 사진으로 남으면 그 사진이 경험 자체가 되기도 하는 것처럼 어떤 도구 하나, 작은 장치 하나가 전체 경험의 인상을 만드는 결정적 역할을 하기 때문에, 경험이 눈에 보이지 않는 것일지라도 경험의 시각적 증거는 분명히 보여야 한다.

눈에 보이지 않는 맛 표현을 점선면, 형태와 색 등의 시각 표현으로 치환해 보기도 한다.
맛의 패턴 (2019) 에서는 참여자들에게 기본적인 색과 패턴의 속성을 알려주고 인삼주를 음미한 뒤 스티커로 표현하도록 했는데, 결과물들은 말과 글 없이도 대략의 향과 맛의 경향과 강도 등을 짐작게 했고 시각 언어를 사용한 덕분에 다양한 표현으로부터 인삼주에 대한 다채로운 인상을 가져볼 수 있었다.

슬로푸드 국제대회에서 워크숍으로 진행했던 **김치의 시간 (2015)** 에서는 구글 이미지 검색 상위에 있는 김치의 색상으로부터 발효 정도와 시간의 관계성을 보이며 시간의 음식으로 김치를 소개해보기도 했다.

이풀 약초 협동 조합의 의뢰로 약초를 일상에서 즐길 수 있는 친근함의 경험인 **이로운 풀 (2023)** 시리즈를 만들었을 때는 우리에게 진하고 고약한 맛의 '약'으로 인식되어 있는 약초, 약재를 일상의 '차'처럼 경험할 수 있도록 하는 것을 목표로 했다.
차의 산지를 가보듯 약초가 자라고 있는 텃밭에도 가고, 찻잎을 덖듯이 약초 재료들을 로스팅하고 자신에게 끌리는 약초들을 조합해 마셔보거나 약초와 식재료를 함께 우려낸 채수로 간단한 음식을 만들어 먹었다.

커피나 차의 경험 속에 약초를 슬쩍 끼워 넣어보면서 새롭지만 대체로 익숙한 경험을 통해 친근해질 계기들을 만들려는 의도였고 궁극적으로는 '약초-아플 때 먹는 것'에서 매일 즐기는 '코리안 허브차'로서 인식을 전환해보려는 시도였다.

쌍화차의 경우, 약국에서 사 먹는 약의 이미지가 강해서 거리감이 있었는데, 워크숍에서 쌍화차의 레시피대로 직접 원물을 조합하고 마셔보면서 자연스럽게 들어가는 약초들에 대해 잘 이해하게 되었을 때 참여자들의 만족이 컸다. 이때 정확한 수치에 의한 계량보다는 원물에 따라 다른 형태와 면적을 이용한 시각적 계량 표현을 사용해 최대한 쉽고 직관적으로 비율을 가늠하고 조절할 수 있도록 했다.

한편, 맛 표현의 언어화와 시각적 지도 만들기에 대한 프로젝트들도 꾸준히 진행해오고 있다. 그래도팜의 **에어룸 토마토 플레이버 맵 (2022)**, 브레드 메밀의 메밀빵 맛 맵핑 **0 20 60 100 (2021)** 이나 곡물집의 **토종 곡물 맛 경험 지도 (2021)** 등은 해당 식재료나 음식에 대한 맛 표현의 언어가 없거나 매우 부족하다는 문제의식에서 출발한 것들이었다.

균질한 풍미를 가진 대량생산 제품들이 명확한 맛 표현의 언어들을 사용하는 데 반해 토종이나 소규모, 다품종 제철 생산물들은 그렇지 못하거나 아예 표현의 기준이나 토대가 될 만한 데이터 자체가 없다는 점에 주목했다.
일종의 모험처럼 시작했지만 결과는 매우 흥미로웠다. 여기서 맛 표현과 기록에 있어 일반 참여자들에게 강조한 몇 가지가 중요하게 작용했다.

첫째, 즉각적으로 느껴지는 것을 적을 것. 오래 생각하지 말 것. 직관적 감각은 시간이 지날수록 여러 생각들로 흐려진다. 첫인상이 제일 정확하다.
둘째, 맛, 향, 식감 그리고 인상(Impression, Image)의 영

역으로 나누어 가장 먼저 강하게 느껴지는 것들 순서대로 적을 것. 친근함이나 낯섦 같은 정서적이고 추상적 표현들을 비롯하여 맛, 향, 식감에서 분명히 느껴지지 않지만 떠오르는 모든 표현들을 모두 인상에 적을 것을 제안했다. 인상 표현들은 실제로 맛 표현에 적용되긴 어려울 수 있지만 개성 있고 창의적 표현들은 전체적으로 그 음식에 대한 다양한 인식을 엿볼 수 있는 자료가 된다.

셋째, 맛, 향, 식감에 있어서는 최대한 구체적인 표현과 단어를 쓸 것. 형용사보다는 자연물, 자연물보다는 가공식품명을 적는 것이 좋다.
예를 들면 달고 텁텁하다보다는 팥 맛, 팥 맛보다는 달지 않은 비비빅 맛이 더 좋은 표현이다. 가공식품은 누구나 같은 지점의 맛을 상상할 수 있게 해주기 때문이다. 깊고 여운이 오래 남는 맛처럼 은유적이고 모호한 표현은 최대한 피한다.

이렇게 모인 맛 표현은 의도를 파악해 가며 표현 간의 인접성에 따라 묶어 일종의 인포그래픽 형태로 맵핑했다. 이렇게 지도의 형태로 보는 것은 전체의 경향으로서 맛의 위치를 파악할 수 있게 해준다. 맛의 지도를 보면 다양하고 개성 있는 표현들을 총체적으로 읽을 때 오히려 선명히 보이는 부분이 있다. 맛의 표현이 기록되고 지도 위에 놓이면 보이지 않던 맛이 드러난다.

여기서 한발 더 나아가 본 프로젝트가 **밀의 맛, 맛의 말 (2023-2024)** 이다.
이 전의 맛 표현들이 최대 몇 십명 단위의 데이터였던데 반해, 약 300명의 맛 표현 데이터를 수집하고 분류해 최종적으로는 햇밀의 맛을 표현할 수 있는 212개의 언어를 얻을 수 있었고 이것으로 햇밀 플레이버 휠을 만들었다. 한국이 가장 잘 이해할 수 있는 표현들로 만들어진 밀맛 사전을 만들었다는 의의가 있었다.

맛이 너무 다양하고 매번 달라져서 오히려 그 맛의 언어가 없었던 문제들로부터 시작된 맛의 언어화와 시각적 맛 지도 만들기는 밀맛의 어휘를 기록한 것 뿐만이 아니라 그 표현으로부터 현재 우리의 식생활의 경향까지도 가늠해 볼 수 있다.
무엇보다 가공식품의 반대에 있는 자연 식품 중 맛의 언어가 없는 모든 것들을 대상으로 해 볼 만하니 기록해볼 맛들은 무궁무진하다.

Making the invisible visible

I sometimes feel that designing experience is like sculpting the air because of the nature of experience.
Maybe it's because I started designing with visual communication. Now I've moved from visible design to invisible design.
Ironically, this makes me think more about how to make the invisibility of experience visible. Just as the memories of a trip are captured in photographs, and the photographs become the experience itself.

So it is important that all images made by materials, tools, devices play a crucial role in creating the impression of the whole experience. I use basic principles of visual communication design, such as how images, including shapes, colours, etc.

In **Patterns of Taste (2019)**, participants were given a bunch of colourful dot stickers to represent the taste of a traditional ginseng liquor. Originally, the liquor bottle has a conventional image with luxurious packaging in gold colour, which gives a little bit of a boring, old impression.
However, when people are given the chance to taste blind first and express the flavour of the liquor in visual patterns. Participants could focus on the taste and expressed it as a more herbal, refreshing liquor relevant to hip cocktails. They also felt more comfortable using visual language than words to express subtle nuances of flavour.
I suppose visual communication could be more

accurate in a way than using conventional tasting note expressions.

Times of Kimchi (2015), was a workshop I held at the 'Slow Food Festival' in Korea. I wanted to present kimchi as a 'food of time'. I picked colours from different stages of kimchi fermentation. I tried to explain that you can enjoy kimchi at any stage of fermentation through kimchi colours, from fresh to years old. Kimchi is immortal because it is a living food full of microorganisms. And you can see its life in its colours.

I was commissioned by 'IPool Herbal Co-operative' to create **Korean Medicinal Herbs workshops (2023)** to raise awareness of Korean medicinal herbs and familiarise people with them.

I wanted to create an experience so that people could recognise medicinal herbs as everyday herbal tea, not medicine.
Especially in Korea, almost everyone has had the negative experience of being forced by their parents for health reasons, and the memory of drinking the highly extracted, bitter black liquid cannot be pleasant. My mission was to find a way to make this horrible perception pleasant.

I designed the workshop series to explore Korean herbs, from visiting an herb garden, how to dry and roast them to make tea, to brewing tea and making your own blend. When you learn and explore where and how food comes from, you have a sovereignty to food, whether you like it or hate it, and I thought it's important to get a chance to have tastes and preferences about it that you didn't have when you were a child.

Another reason why Korean herbs have a strong image as a medicine was the complexity of the recipe I thought. I wanted to make the recipe as simple as possible so that people could easily play with it. Instead of using numerical measurements and scales, I made the recipe visual, using the size of shapes and colours to make the recipe as intuitive as possible, so that people could adjust the proportions on their own.

An infographic is a good way to visualise sensory evaluation. I love making flavour maps for small farm products or rare foods that you can't easily imagine before you eat them. So I have lots of experience with it. And I have a few principles when organising tasting workshops. These are mainly to help people express what they feel and also to gather more relevant data for the mapping.

First, use your intuition when writing down what you feel. Don't overthink it. First impressions are always the most accurate.

Second, write down your thoughts in 4 categories: taste, aroma, texture and impression. For impression, you can say anything you feel that is not relevant to the other categories.
It could be emotions, abstract descriptions, metaphors like grandma or home, etc. I really like the impression section. You can get unexpectedly unique and creative expressions that will blow you away.

Thirdly, be as specific as possible when describing flavours, aromas and textures. Nouns work better than adjectives. The names of specific foods, such as Oreo, are more descriptive than cookies. Factory-made foods with barcodes allow everyone to imagine the same taste. Avoid metaphorical and vague descriptors.

I went one step further for the project **Taste of Wheat, Words of Taste (2023-2024)**. By collecting the data of about 300 taste expressions, I was able to obtain 212

vocabularies to describe the taste of 12 Korean wheat varieties. Based on the collected data, I created the Wheat Flavour Wheel.
I would say it was important to create a dictionary that Koreans could best understand because we never had one before.

1 **맛의 패턴** _ 인삼주를 맛보고 느낀 향과 맛의 강도, 인상 등을 점의 크기와 색, 패턴의 분포로 표현했다. 고급 술, 약주 이미지의 인삼주가 펑키한 허브 리큐르로 바꾸었다.
2 **김치의 시간** _ '김치는 불멸'이라는 카피와 함께 발효 숙성도에 따라 다양하게 즐기는 김치의 시간성을 변화하는 색상과 채도의 '컬러 바'로 표현했다.
3 **김치의 시간** _ 구글 이미지 상단의 김치 이미지로부터 추출한 색상의 다양함과 길이의 척도로 설명했다.

1 **Pattern to taste** _ The intensity of the aroma, taste and impression of the ginseng liqueur was expressed by the size, colour and distribution of the dot patterns. Ginseng liqueur, associated with high-end and medicinal impressions, has been transformed into a funky herbal liqueur for cocktails.
2 **Times of Kimchi** _ Kimchi can be enjoyed in different ways depending on the degree of fermentation and ageing, expressed as a "colour bar" of changing colours and saturation.
3 **Times of Kimchi** _ I chose a variety of colours from the kimchi images at the top of Google image and created a fermentation colour chart.

KIMCHI IS IMMORTAL :
KIMCHI FERMENTATION COLOUR BAR

125

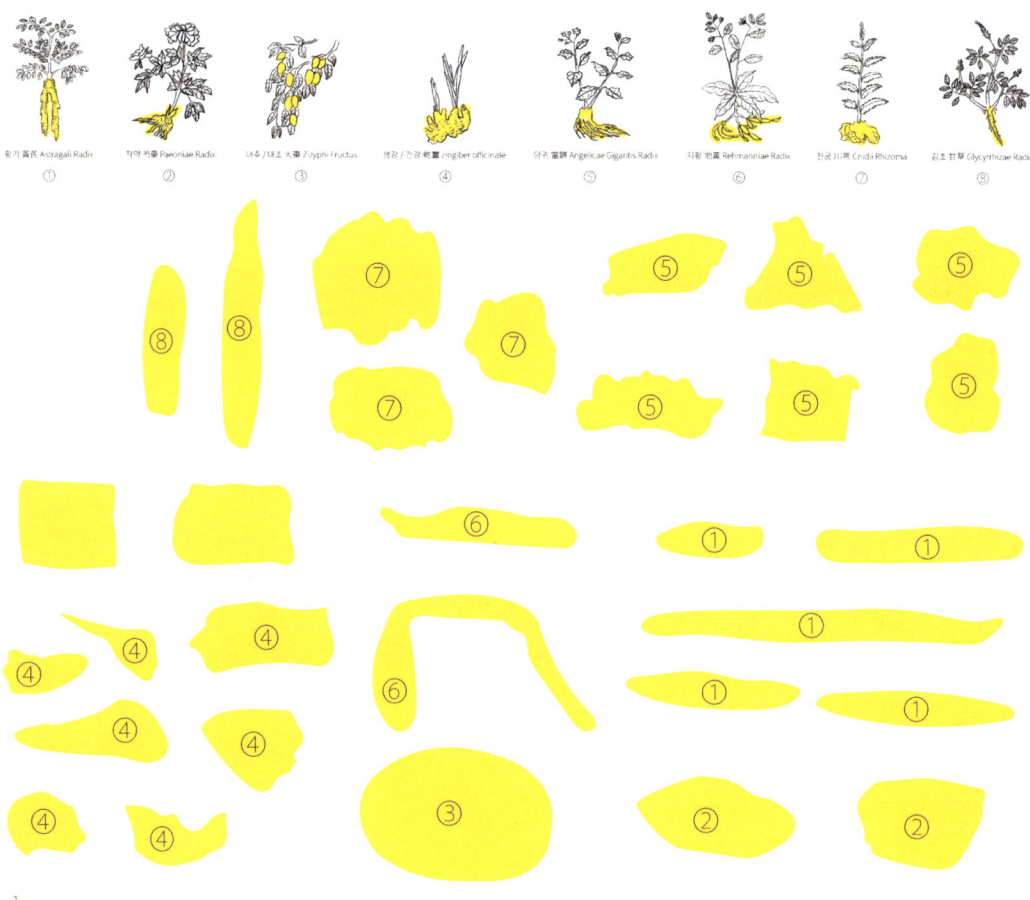

2

3

1 레시피의 계량을 수치가 아닌 형태와 면적으로 표현하여 원물에 대한 이해와 레시피의 계량을 놀이처럼 쉽고 직관적으로 접근할 수 있도록 했다.
2 한국의 약초를 이용한 대표적 여름 음료 생맥산의 원물을 각각 우려서 마셔보고 생 오미자와 말린 오미자를 비교해보며 원물을 이해해본다.
3 다양한 한국의 약초들, 원물을 형태와 면적을 활용한 레시피의 계량, 차나 커피처럼 브루잉 방식으로 내려 마셔보면서 '코리안 허브티'로서의 가능성을 느꼈다.

1. Recipe measurements are expressed in shape and area rather than numerical values, making it easy and intuitive to understand the ingredients and approach recipe measurements like a game.
2. To understand Summer Drink with Korean Medicinal Herbs, each raw ingredient and blended version had to be tested, also comparing fresh and dried ingredients.
3. I felt the potential of Korean herbal tea by using different methods to make people think of it as tea or coffee rather than medicine.

그린 지브라
Green Zebra
인상
Impression
애호박
사과
수박
키위
오이피클
와일드 루꼴라
개구리참외
오이
야생의
참외
반전매력
이슬맞은 풀
파파야
푸르른
얼룩무늬
풋과일
나무껍질무늬
개구리
덜 익은 것 같은
어울림
청개구리
올리브오일
새콤할 것 같은
카레
비타민 덩어리
향
Aroma
풋
들
시원한
청량한
아침 숲
참외
레몬
바닐라
키위
꿀
사과
맛
Flavour
입 안에 오래남는
풍선껌
꿀
포도 봉봉
아몬드
자두
새콤
상쾌한 신맛
설탕묻은 라임
산미가 좋은
레몬
청사과
아이셔
식감
Texture
크림 거품
크림
단단하면서 부드러운
사르르
겉은 단단 속은 촉촉
부드러운
흐물흐물한
껍질이 얇은
바나나

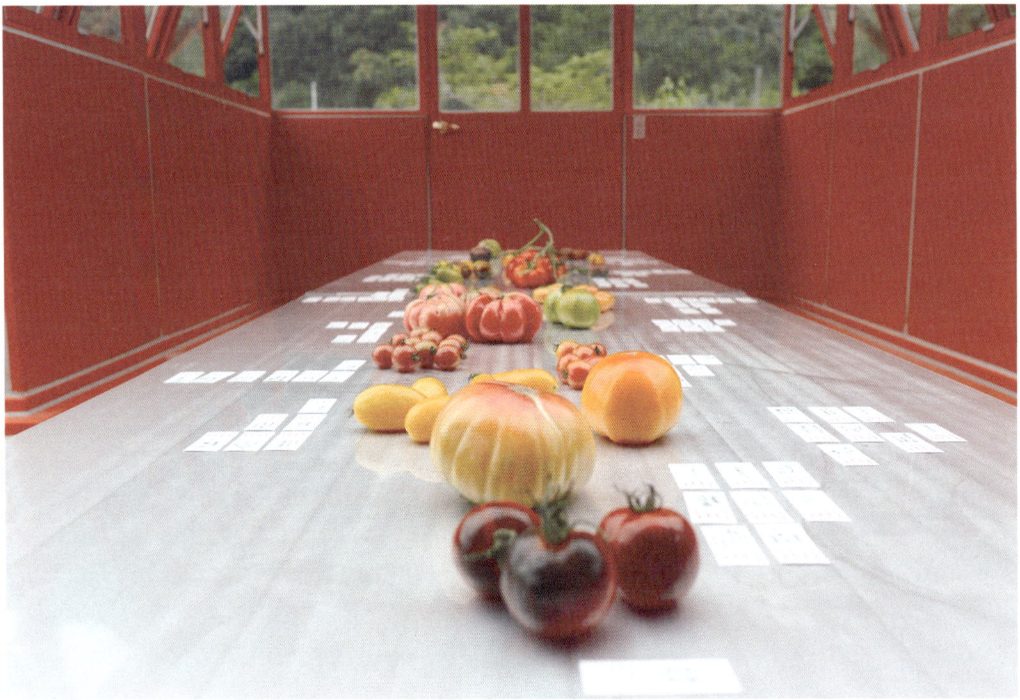

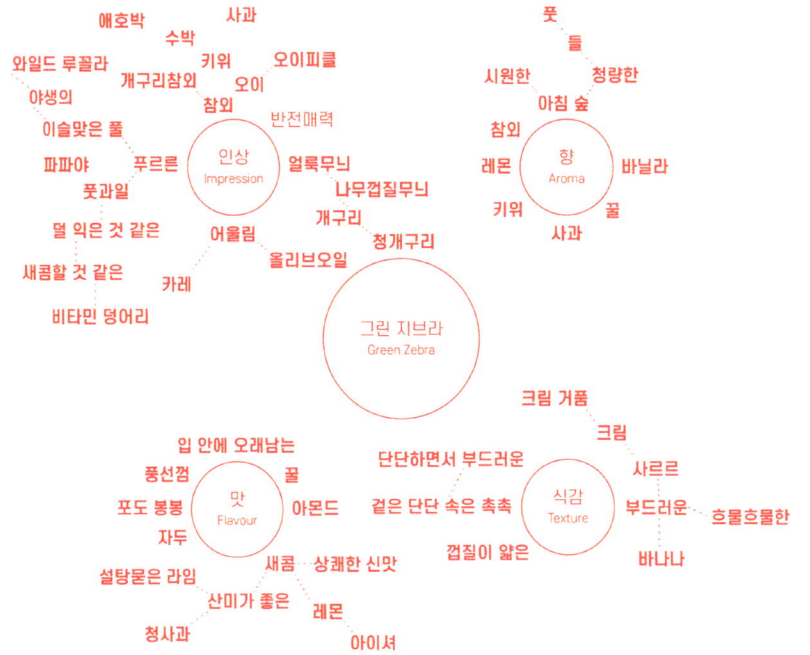

© 브레드 메밀 © Bread Memil

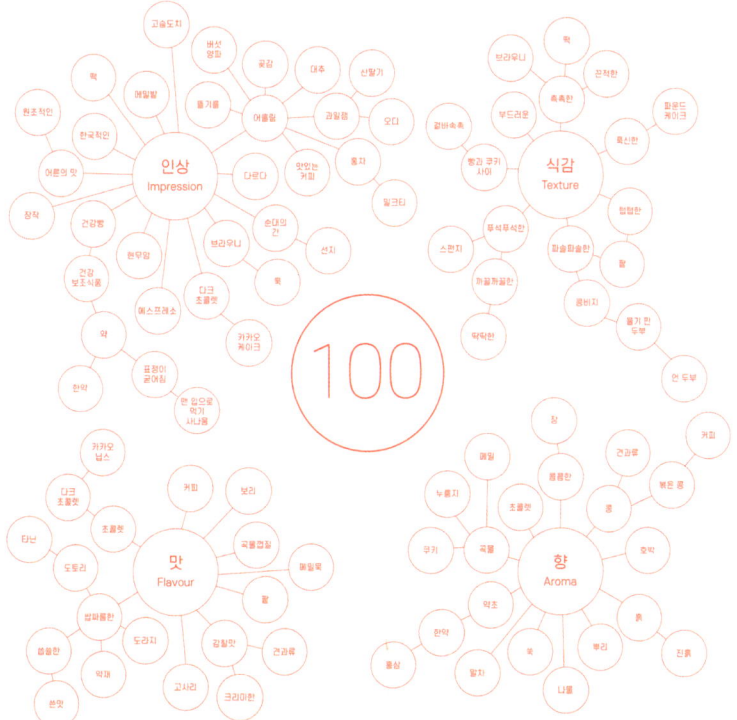

0 20 60 100 _ 메밀 100% 빵에 대한 맛 경험 지도   0 20 60 100 _ A flavour map of 100% buckwheat bread

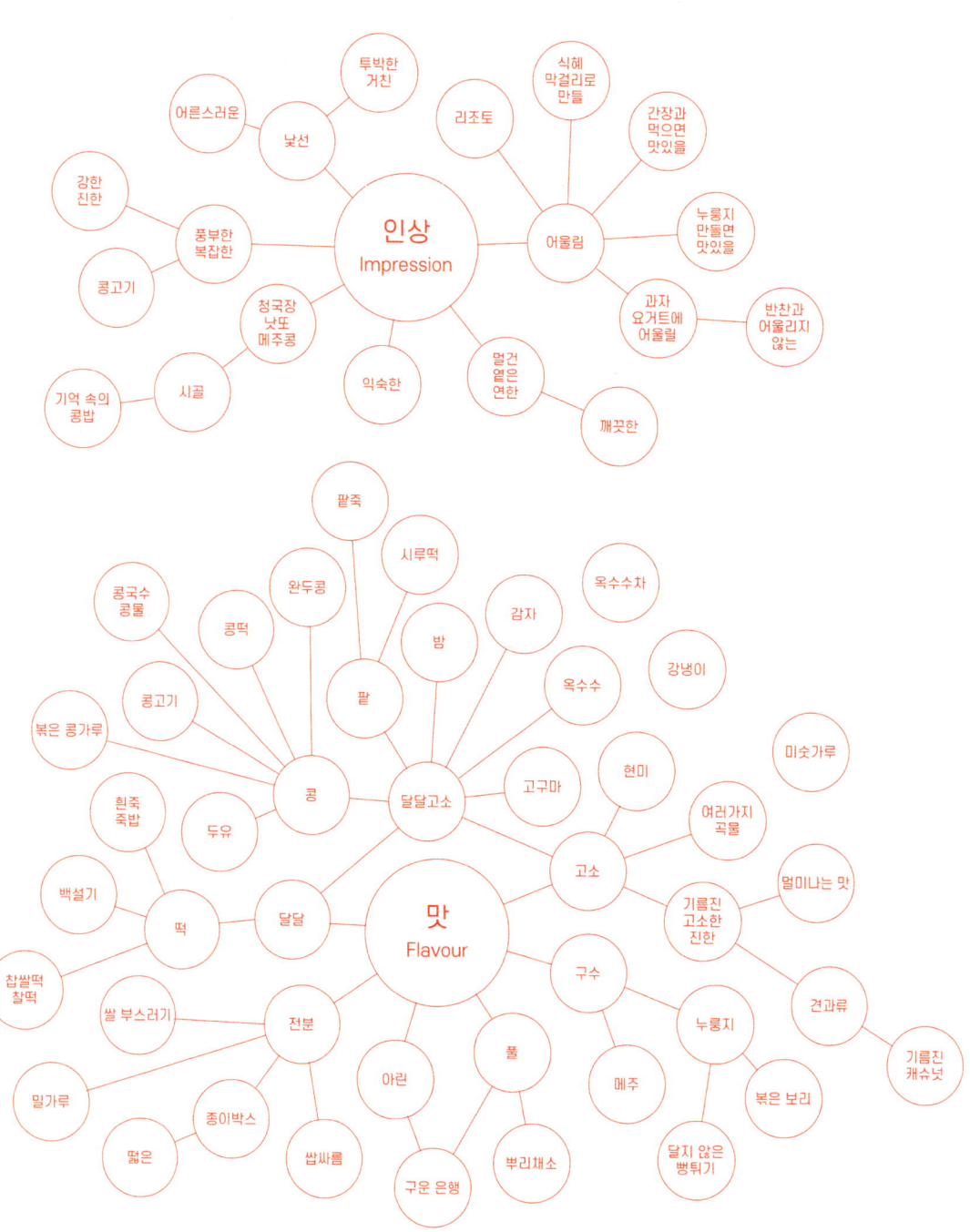

토종 곡물 맛 경험 지도 **Heirloom Grain Experience Map**

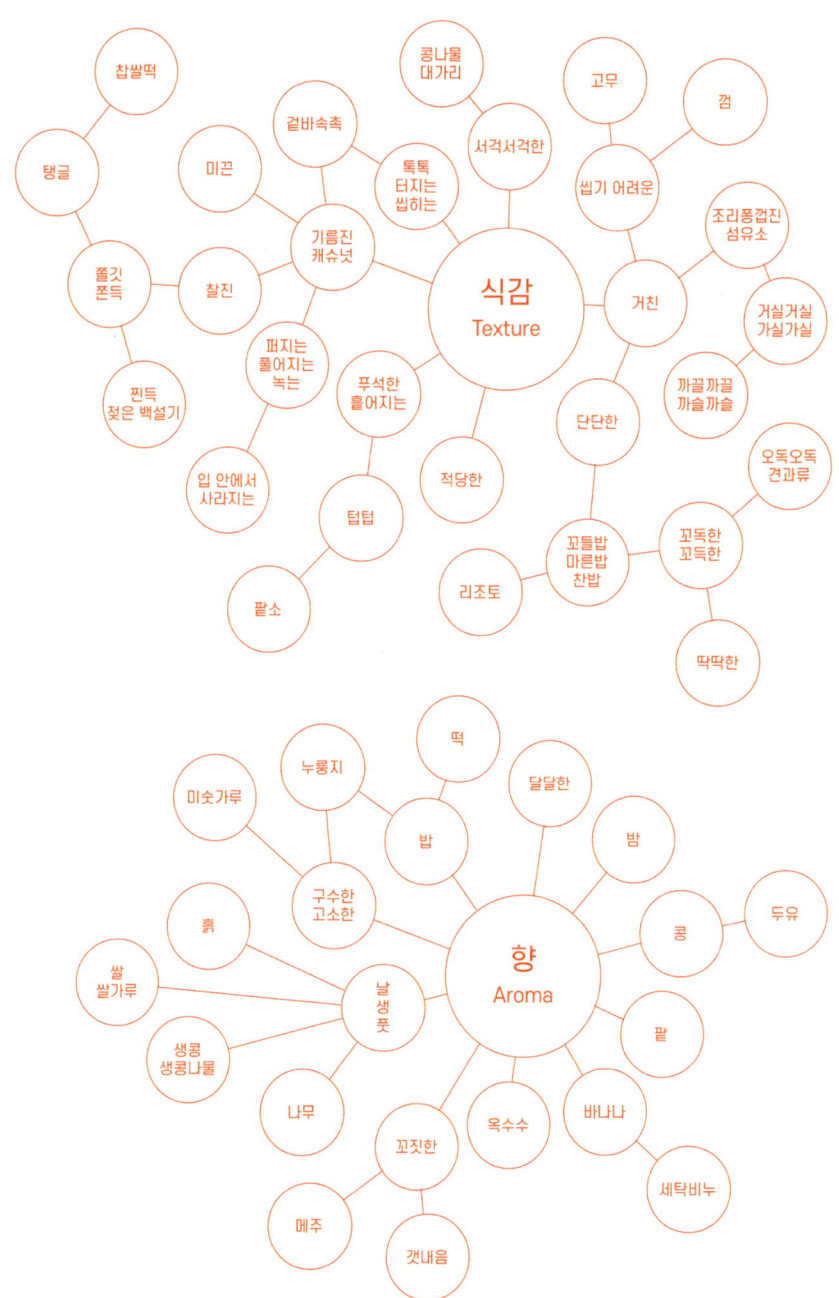

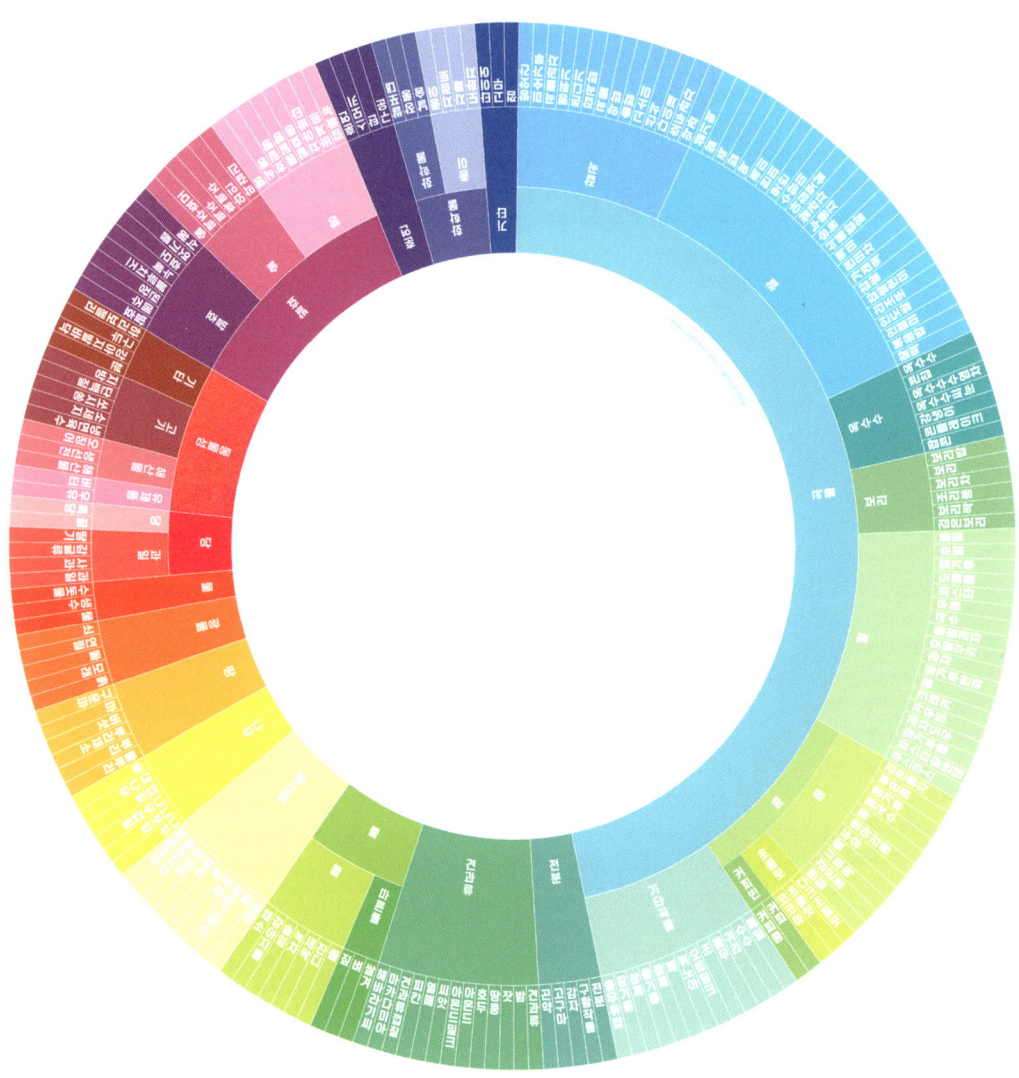

1
1 햇밀맛맵 _ 플레이버 휠에는 212개의 국산 밀 맛 표현의 어휘들이 적혀있다.
2 햇밀장09에서는 바닥에 햇밀맛맵을 깔아놓고 참여자들이 햇밀 라 당스를 시식하고 느낀 맛들을 고깔컵으로 표시하면서 자연스럽게 맵핑되도록 했다.
3 햇밀맛맵 위에 올린 햇밀 라 당스 빵

1 Korean Artisanal Wheat Flavour Wheel _ It contains 212 words that express the taste of Korean wheat.
2 Participants used cone-shaped cups to mark the tastes they felt when tasting Haetmil, La Danse.
3 Haetmil, La Danse bread

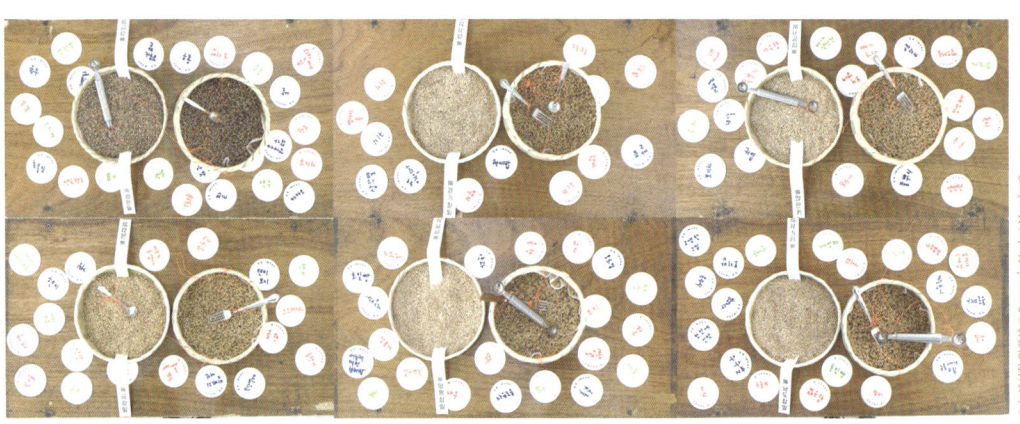

1

1 **밀의 맛, 맛의 말** _ 4시간 동안 총 297명의 기록이 모였다. 12종류의 햇밀에 대한 참여자들의 맛표현들은 현장에서 실시간으로 단어카드에 적어 공유하기도 했다.
2 **밀의 맛, 맛의 말** _ 참여자가 품종별 햇밀을 기록지 위에 가지런히 올리고 있다.

1 **Taste of wheat, words of taste** _ A total of 297 records were collected in 4 hours. Participants' taste descriptions of 12 types of Korean artisanal wheat were also written on word cards and shared in real time on site.
2 **Taste of wheat, words of taste** _ Participant is placing wheat for tasting on a record sheet.

사용자의 몫 남기기

식경험 디자인의 과정에서 의외로 매우 중요하다고 생각하는 것 중 하나는 사용자가 경험할 분량을 정하는 일이라고 생각한다. 정확히는 최소의 세팅과 활동으로 최대의 경험을 끌어내는 일종의 덜어내기 기술이다.

사용자의 경험 분량이 너무 많으면 아무리 좋은 경험이더라도 다 소화하지 못하고 전체 경험의 집중력을 잃는다. 기획자가 준비한 내용이 많고 그걸 최대한 전달하고 싶은 마음이 클수록 오히려 갖고 있는 모든 내용을 다 펼쳐놓는 실수를 하게 되는데 이렇게 되면 대상자가 경험을 통해 주제까지 도달해야 할 동력과 흥미를 중간에 잃기 쉽다. 우리가 한 번에 받아드릴 수 있는 정보와 경험의 양은 예상보다 적기 때문이다. 경험의 설계 단계에서 사용자 입장에 이입해 경험을 시뮬레이션해 볼 시간이 충분하지 않을 때 일단 넘치도록 주자는 조급한 마음에서 이런 실수가 생긴다.

반대로 경험의 분량이 너무 적으면 대상자는 시시하게 느끼게 되는데 결말은 경험의 분량이 넘칠 때와 같다. 그러니 사용자의 경험 몫을 효과적으로 남기는 것은 경험의 설계 단계에서부터 마지막 현장 운영 단계에 이르기까지 환경적 변수를 고려하고 그에 따른 대상자들의 반응을 예측해 여러 가지의 시나리오를 준비하는 세밀한 경험 설계와 더불어 현장에서의 상황대처능력도 요구된다.

한두 개의 뚜렷한 주제를 따라 경험의 요소들을 집중력 있게 구성한 경험의 여정을 따라 기승전결이 매끄럽게 진행될 때 참여자들에게 필요한 분량의 경험이 효과적으로 전달된다.

3시간 동안의 밥 짓기였던 **밥 생각 (2020)**이나 1시간 동안의 아이스크림 만들기였던 **아이스크림 에스테틱스 (2023)**는 실제로 내가 먼저 경험해보면서 참여자들에게도 오롯이 요리의 시간을 겪는 것 자체가 중요한 감각이라고 느껴서 과정을 줄이거나 건너뛰지 않았다.
대신 간단한 활동의 과정을 세밀하게 쪼개고 각 과정에서 경험할 지점들에 몰입할 수 있는 도구와 장치들을 배치해 경험의 여정 자체로부터 각각의 의도들이 순차적으로 잘 전달될 수 있는 감각-인지의 리듬을 만드는 데 중점을 두었다.

(주)샘표의 의뢰로 만들었던 **맛있는 채집 표본 (2019)**에서는 어린이들을 대상으로 양념과 봄나물을 주제로 하여 채소에 대한 긍정적 경험을 만들어야 했는데 이때 설계한 경험의 핵심은 '채소를 식물처럼 경험하기'였다.

채소를 식물로 경험해 볼 수 있는 상황과 장치를 사용해 '채소는 싫어도 먹어야 하는 것'이라는 기존의 부정적 경험을 '식물은 관찰하고 알아가보는 즐거운 것, 무엇보다 먹지 않아도 되는 것'으로 유도해 보기로 했다.
채소 먹기에 대해 이미 갖고 있을 좋지 않은 기존의 경험으로부터 심리적 안전 거리를 확보하고 그 안에서 각자의 속도대로 채소를 탐색해 작은 긍정적 경험을 만드는 것이 목표였다.

채소를 식물로 경험하게 하기 위해, 식물의 관찰-채집-표본 만들기의 탐색 활동 안에 채소를 슬쩍 끼워넣었다. 다양한 봄나물 아홉 가지를 관찰하고 다양한 형태와 향을 탐색하게 했는데 이때 준비 과정에서 작은 해프닝이 있었다. 봄나물 세팅을 맡아주신 분들이 으레 행사에서 준비하듯 각각의 나물을 분류해서 아홉 개의 접시에 나누어 담고 이름표를 붙여둔 것이었다.

나는 양해를 구하고 애써 구분해 놓은 나물들을 모두 섞어 한 바구니에 다시 담았다. 구분되어 있으면 탐색할 수 없기 때문이었다. 비슷해 보이는 것들을 구분해야 할 때 발동되는 탐색 활동을 위해 오히려 구분이 어렵도록 섞어둠으로써 참여자 주도형의 게임으로 경험이 전환되었다. 그러자 아이들은 비슷해 보이는 것들 사이에서 아홉 가지를 모두 찾아내고 싶어 열을 올리며 봄나물을 만지고 눈으로 보고 옆 사람과 비교해 보기 시작했고 그 덕분에 봄나물의 다양한 향과 형태를 잘 탐색할 수 있었다.
그렇게 찾은 봄나물 중 몇 가지는 만두피에 붙이고 삶아내서 먹을 수 있는 채집 표본을 만들었다.
먹어보고 싶다면 먹어도 좋다는 제안은 마지막에 붙이며 철저히 시식에 대한 선택권은 아이들에게 주었다.
새롭고 낯선 음식을 대할 때 스스로 탐색하고 표현할 수 있는 식경험의 주도성은 이 프로그램의 전체를 관통하는 사용자의 몫 남기기였다.

The right amount of experience

It is important to give users the right amount of experience. If users are overloaded with too much activity or information, they won't be able to digest it all and will easily lose focus, no matter how good the content you prepare, because the amount of experience we can take in at once is less than we expect.

However, these mistakes often happen if you do not design well enough before the actual practice. If so, you tend to put too much activity or information just in case, and you hope that people can benefit from at least one of the things you've prepared. Unfortunately, in this case, people don't get any interesting memories from the distracted experience. Less is more.

Too little, however, and the audience becomes bored with the whole experience. You need to design the experience in detail from every step of the journey, preparing focused yet flexible scenarios to deal with audience reactions and any possible variables that may arise during the experience. If you stick to a very clear theme and maintain focus, people will never be distracted.

Bab Meditation (2020) was a 3 hour session on how to make your own bab, cooked rice, which I do in collaboration with 'A Collective Grain'. I suggested a 3 hour intensive programme even though technically cooking rice only takes 30 minutes.

Firstly, I felt it was important for the participants to go through the whole process of cooking rice from scratch using their own multi-sensory senses, because now it is normal for people to cook rice at home using electric rice cookers and we are losing our experience of making our own staple food.

Secondly, since manual rice cooking has been removed from everyday Korean life, I designed rice cooking as a meditation practice for a therapeutic journey to focus the senses and care for the mind and soul. I speculated that cooking could be meditation, and added meditative tasks and instructions in between the process of sorting, washing, cooking and eating rice for 3 hours.

In 2019, I was commissioned by "Sampio Co., Ltd." to create a positive experience for children with the theme of eating more green vegetables, especially seasonal spring vegetables, and the core of the experience I designed was "experiencing vegetables as plants".

Among the reasons why children hate vegetables, I hypothesized that children do not have a chance to explore vegetables as they want, children tend to be controlled by parents or food providers who sometimes break trust with them by hiding the vegetables or white lying.

So I made a project **Delicious Specimen (2019)** and decided to use the experience of vegetables as plants, referencing the forest activity of collecting botanical specimens by replacing plants with vegetables.

The concept of recognising vegetables as plants created a psychological safe zone from the bad experiences they might already have had with eating vegetables, and to make room for positive experiences by exploring vegetables as the children wanted.

If they want to eat it, they can eat it; if they don't want to eat it, they can say no, but they can still explore it in a different way, touch it, smell it and do something with it.

The idea throughout the programme was to put the user in control of the eating experience, allowing them to explore and express themselves with new and unfamiliar foods.

1 **맛있는 채집 표본** _ 완성된 봄나물 채집 표본
2 한데 섞어 준비한 봄나물 아홉 가지와 형태에 따라 구분해가며 아홉 종류를 가려내고 있는 참여자
3 채집한 봄나물 잎들을 먹을 수 있는 표본으로 만드는 과정과 결과물을 양념과 함께 시식하는 장면

1 **Delicious Specimen** _ A result of delicious specimen made of spring herbs
2 Participants explore 9 kinds of mixed spring herbs.
3 The process of making edible specimen and the result

1

배움은 삼투현상처럼 일어난다.

나는 음식의 전문가가 아니다. 음식을 잘 아는 것이 식경험 디자이너의 전제라고 생각하지도 않는다. 기본적으로 디자이너는 내용을 만드는 사람이 아니라 내용의 맥락을 만드는 사람에 가깝다고 생각하기 때문이다. 그러니 음식을 잘 몰라도 전문가들과의 협업을 통해 얼마든지 연결하기의 전문성을 발휘해 식경험 디자인을 할 수 있다.
오히려 음식에 대해서 대상자 수준의 경험을 갖고 있는 것이 도움이 될 때가 더 많다. 경험의 대상에게 필요한 경험을 자신의 경험으로부터 끌어낼 수 있기 때문이다.

그래서 디자인의 본질로 돌아가 내가 할 역할에 더욱 집중하게 된다. 잘 디자인된 식경험을 만드는 것.
잘 만들어진 식경험은 생산자와 소비자, 혹은 그 경험과 관련된 모든 이해 관계자에게 모두 유익이 있는 것이라고 생각한다. 그런 경험을 만들기 위해 필요한 것은 좋은 질문을 찾는 것, 그리고 그 질문을 잘 던지는 것. 좋은 질문은 사람들을 모이게 하고 그 안에서 서로는 서로에게 영감을 받고 깨달음도 얻게 한다.

디자이너는 정답을 쥐고 있을 필요가 없다. 게다가 음식의 특성상 절대적 정답은 있을 수 없다. 그저 물어야 할 질문을 찾고 그 질문이 불러 올 작용들이 잘 피어나는 환경의 설계를 목표로 한다. 그 목표를 위해 무엇이 필요한가를 따라가다 보면 키트를 만들기도 하고 워크숍을 하기도 하고 전시를 하게 되기도 한다.

이렇게 일을 하면서 배움이라는 현상에도 접근하게 될 경우가 많았는데, 흥미로운 점은 이렇게 질문이 던져지고 각자가 답을 찾아가는 과정에서 자연스럽게 배움의 삼투현상이 일어나더라는 것이다. 농도가 진한 쪽에서 연한 쪽으로 물질이 자연스럽게 흐르며 어느 순간 평형을 이루듯, 서로 다른 음식의 경험들, 다른 깊이의 음식 문해력[6]을 가진 사람들이 서로 만날 때 서로가 서로에게로의 배움이 일어났다. 이 배움은 몰랐던 것을 알게 되는 경험이면서 서로가 가진 다름에 대한 이해이기도 했다.

[6] 푸드 리터러시(Food Literacy)라고도 한다.

잘 설계된 식경험은 이런 것이 저절로 일어나게 한다.

부산현대미술관에서 진행했던 **쭉정이와 알맹이 (2022-2023)** 그리고 곡물집에서의 **선-에서 원ㅇ으로 : 연결되는 콩 고르기의 라운드 테이블 (2023)** 에서는 몇 가지 품종이 섞인 콩과 팥을 한데 섞어놓고 먹을 수 있는 것과 없는 것으로 고르는 것이 경험의 유일한 내용이었다.

먹을 수 있는가 없는가의 질문 앞에서 사람들은 기존 경험의 깊이에 따라 다양한 층위로 나뉘었다.
자세한 기준도 주지 않기 때문에 각자의 이해력을 발휘해야했는데 참여자들은 처음에는 각자의 기준에 따라 누구는 붉은색과 아닌 색 두 가지로 나누기도 하고 또 다른 사람은 먹을 것들을 각각의 품종별로 골라내고 한쪽에는 쭉정이들만 가지런히 골라내었다.

이때 배움의 삼투현상이 일어났다. 각자가 고른 기준이 다름을 알아차린 사람들이 서로 자연스럽게 이야기를 나누기 시작한 것이었다. 더 많이 알고 있는 사람은 옆 사람에게 여러 색의 팥이 있다는 것을 알려주었다.
몰랐던 사람은 새로운 사실을 알게 되고 많이 알았던 사람도 이렇게 모르는 사람이 있을 수도 있다는 다름에 대해 알게 되었다.
나는 서로에게 경험의 삼투현상이 일어나는 이런 순간들을 좋아한다.

Learning from each other

I'm not a food expert. And I don't think that being an expert in food is a prerequisite for being a food experience designer. Because I think designers create contexts rather than information or content. So even if you don't know much about food, you can still design food experiences by collaborating with experts and using your expertise to connect.
This makes me more focused on my role as a designer to create a well-designed food

experience. And I believe that one of the ways to create a good food experience is to ask a question with a strong message and communicate it in a playful way.

As a designer, you don't have to have an answer to the question. It is better to design the journey of finding the questions that need to be asked, and to design environments that encourage the behaviours those questions inspire. If you follow what it takes to get there, you might end up making kits, running workshops or exhibiting art to facilitate the experience. This is how I always work as a designer across boundaries.

When it comes to education, I think learning has to be like osmosis, just as substances naturally flow from higher to lower concentrations and eventually reach equilibrium. Education works better when people with different food experiences and literacies come together because they can teach and learn from each other at the same time.

In **Odd one out (2022-2023)** at the Busan Museum of Contemporary Art or **From Line to Circle: A Round Table of Sorting Beans (2023)** at 'A Collective Grain', the task was simply to select inedible beans from mixed heirloom beans.

I found it very interesting that the activity is simple, but we have different experiences of sorting beans according to generation. Baby boomers were familiar with sorting beans, they did it as part of normal household chores, millennials could help or see their mothers and grandmothers doing it, and ZenG would have never done it or seen it most of the time.

This gap in experience creates an opportunity to learn from each other, just by being together with the same task. This is where the osmosis of learning happens. When they noticed the differences in the criteria they had chosen, they spontaneously started talking to each other. The person who knew more could tell the person next to him that there are different colours of red beans and that they are all edible.

음식이기 전엔 자연이던 _ 알맹이와 쭉정이 활동을 위한 토종 팥 패키지
Before food, It was nature _ Heirloom red bean package for activities

141

쭉정이와 알맹이 _ 다양한 방식으로 토종 팥을 고르고 있는 참여자들

Odd One Out _ Participants sort heirloom red beans based on their food literacy.

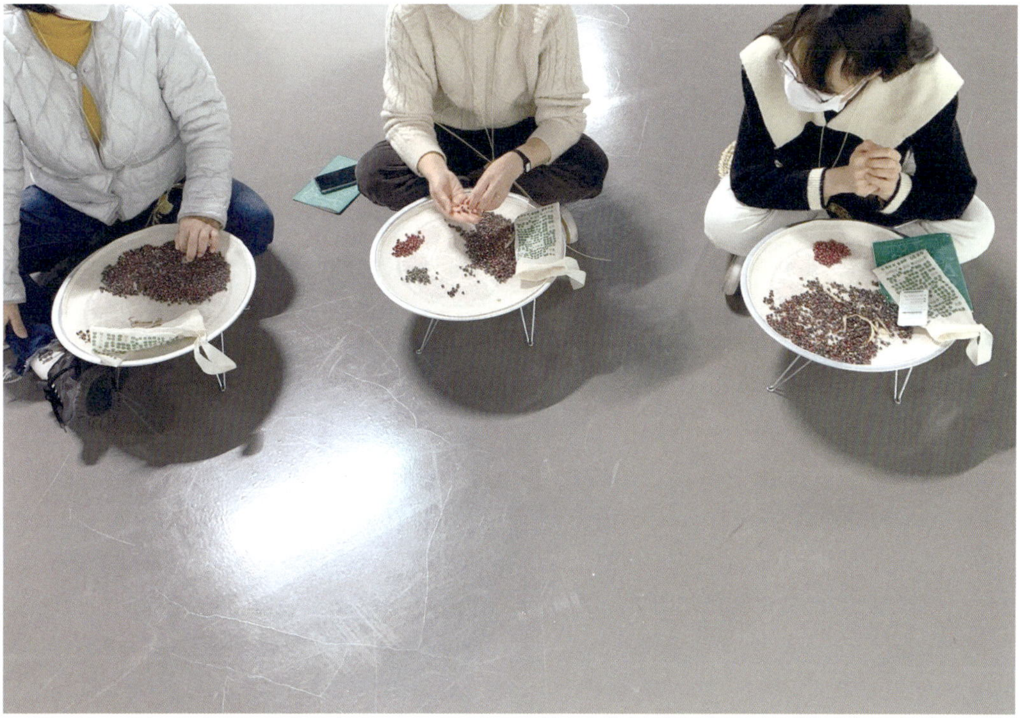

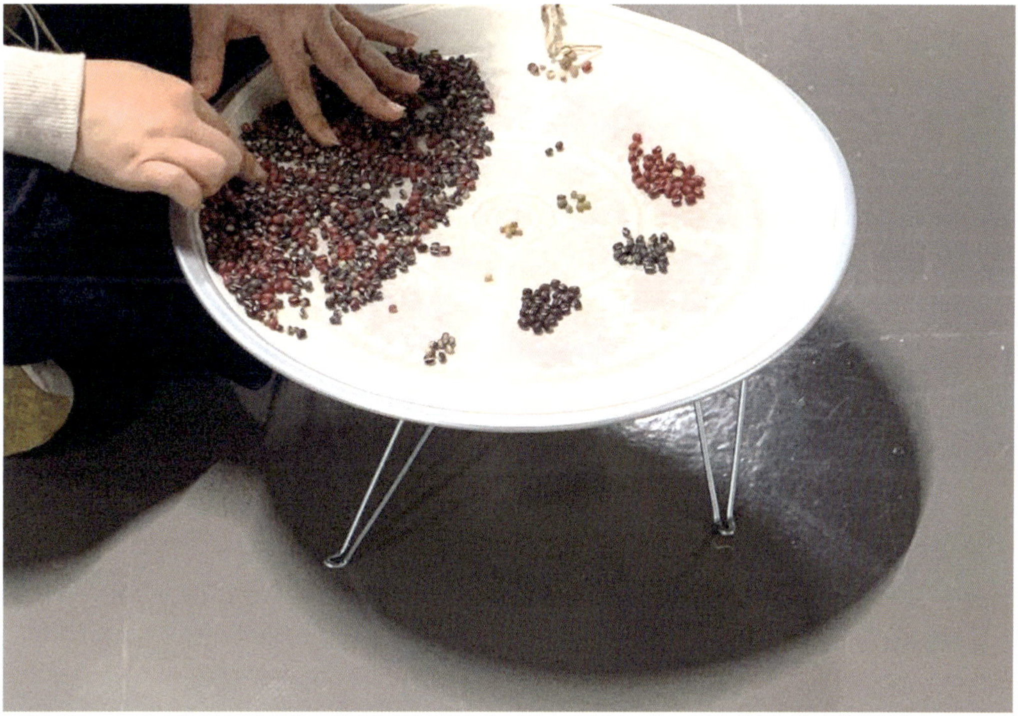

선-에서 원ㅇ으로, 끊어진 것을 잇기

나의 식경험 디자인이 지향하는 지점은 분명하다. 음식은 동그라미여야 한다는 것, 음식의 시스템이 순환하는 형태의 원이어야 한다는 것. 이것은 지금의 산업화된 푸드 시스템에는 문제가 많고 여기저기 끊어져 있는 원이라는 점을 전제하고 있다.
연결이 끊어진 곳에서 우리가 이미 알고 있거나 미처 알지 못하고 있는 수많은 음식의 문제들이 발생하고 나는 이런 지점들에 식경험 디자인의 필요가 있다고 생각한다.

확실히 지금의 시스템 안에서 음식 풍경을 바라보면 음식은 자가복제가 가능한 무한대의 자원처럼 느껴진다. 편의점의 매대에서 음료수를 하나 뽑으면 뒤 칸에 있는 음료수가 빈 자리를 자동으로 채우는 걸 볼 때면 정말 그렇다고 느껴진다. 그러니 한 그릇의 밥을 앞에 두고 밥은 쌀로부터, 쌀은 벼로부터, 또 벼가 있으려면 흙이 있어야 하니 우리가 토양의 오염에 대해서 기후위기에 대해서 관심을 가져야 한다는 생각을 줄줄이 떠올리기 어려운 것도 사실이다.

그런 면에서, 할머니 할아버지 세대의 식경험을 더듬어 보는 것만으로도 우리는 많은 해결의 실마리를 찾을 수 있다고 생각한다.
한 마을에서 서로 농사를 돕고 기른 것을 함께 수확해 나누어 먹고 김장이나 장담그기, 술빚기를 집집마다 하며 각 과정에서 나오는 부산물들은 버려지는 것이 거의 없이 연료로, 물건으로, 퇴비로 다시 생산으로의 자원 순환을 이루었던 그 시절의 푸드 시스템 말이다.
마을 안에서 나의 모든 행동과 행동의 결과들이 서로에게 영향을 주고받는다는 것이 당연했던 삶의 방식이 바로 우리에게는 잊혀져버렸고 할머니 할아버지 세대에게는 너무나 자연스러운 것이었던 음식의 맥락적 사고, 시스템적 사고이다.

소비의 경험만이 압도적으로 많은 우리에게는 소비를 제외한 모든 안 해본 식경험들이 모두 도움이 된다. 나는 이것을 끊어진 고리 잇기라고 부른다.
끊어진 고리들을 잇다보면 개인의 식경험이 확장되고 음식에 대한 다양한 현상들에 대한 맥락이 생긴다. 음식과 관련된 나의 행동들이 모두 인과 관계 속에 영향을 주고받는 것임을 이해하는 사고방식은 결국 왜 기후 위기, 식량 자급, 종 다양성이 나의 문제가 되는데에까지 이를 수도 있을 것이다.

끊어진 연결의 시대에 태어나고 자랐기 때문에 그것이 당연한 줄 알고 살았던 우리에게, 또는 나에게 그것은 자연스럽게 일어나는 일은 아닐지 모른다. 애써 찾고 노력해야할 일이 삶의 큰 과제처럼 앞에 놓여있고 그것이 긴급한 일임은 점점 살갗으로 느껴진다. 그럼에도 희망적인 것은 모든 사람에게 음식을 통해 그것을 시도하고 실천할 기회가 매일 주어져있다는 사실이다.

나가며

나는 식경험 디자인이라는 일이 나를 여기까지 데려올 것이라 예상하지 못했다. 음식을 통해 지역을 다니며 사람을 만나며 삶을, 세상을 배우고 있다.

내가 생각하는 것처럼 이런 식경험의 필요를 느끼고 있는 사람이 나 말고 또 있을까하는 마음이 늘 일의 동력이 되었다. 돌아보니 나의 식경험 디자인 작업들은 그것을 통해 만난 모든 사람들이 함께 만든 어떤 공감이었다는 것을 깨닫게 되었다. 이 여정에 기꺼이 함께 해 준 모든 분들께 마음 깊은 곳으로부터의 고마움을 전한다.

마지막으로 이 책이 나오기까지 몇번이고 두서없는 글을 보내도 기꺼이 읽고 애정어린 조언으로 큰 힘이 되어준 준 모모루에게도 고마움을 전한다.

Closing the loop

I have a clear vision of the kind of food experiences we need today. We need more experiences of a circular, sustainable food system. This is based on the idea that the current industrialised food system has many problems and is a broken circle.
If you look at the food landscape within the current system, food feels like an infinite resource, which is not true at all. If we do not try to think outside the box of the current system, we would lose the reason to change our diets sustainably for the future.

I think we can find clues in our grandparents' generation, which represents the pre-industrial era. It has been a community food system where villagers helped each other farm, harvested and shared what they grew, made and shared food together, and used the by-products of each process as fuel, goods, compost or back into production.

This is the contextual and systems thinking about food that we have lost and that was so natural to our grandparents' generation: a way of life in which it was taken for granted that all your actions and the consequences of your actions were interconnected within the community.

A mindset that understands that my actions around food are all connected in a cause-and-effect relationship may eventually lead me to understand why social food issues are important to me too.
It may not come naturally to you because most of us were born and raised in the industrial age, so we take it for granted. The urgency of the task is ahead of us, and I am one of those trying to solve the problems. What is hopeful is that everyone has the opportunity to try and practise it every day through food.

Epilogue

I never expected food experience design to take me this far. I'm happy to be travelling the world, meeting people and learning about life and the world through food.

I was always driven by the thought that I was not the only one who felt the need for this kind of experience.
Looking back, I always think that my work in food experience design has been made with all the people I've met along the way. I am deeply grateful to everyone who has been willing to join me on this journey.

Finally, I would like to thank Momoru, who has supported me with love.

일의 목록
LIST OF WORKS

간과 감
Salty Salt

프로그램명 : 共進化 공진화 발효 : CO-EVOLUTION
구분 : 전시, 아트 다이닝
키워드 : 부산.경남의 발효문화, 기후 위기, 공진화
클라이언트 : 기대어 깃든
협력 : 덕화명란
기간 : 2024년 10월 11~19일
지역_장소 : 부산 _ 제1부두 창고

햇밀, 라 당스
La Danse

프로그램명 : 햇밀장 09
영역 : 상품 기획, BI 디자인
키워드 : 다양성, 기후 위기, 주식(主食), 토종, 국산 밀
클라이언트 : 농부시장 마르쉐
기간 : 2024년 8월 11일
지역_장소 : 서울 _ 에스팩토리

밀의 맛, 맛의 말
Vocabulary of Wheat

프로그램명 : 햇밀장 08, 햇밀장 09
영역 : 인포그래픽
키워드 : 맛표현, 국산 밀
클라이언트 : 농부시장 마르쉐
기간 : 2023년 8월 ~ 2024년 8월
지역_장소 : 서울 _ 에스팩토리

대림 레시피
Daerim Recipe

프로그램명 : 상호문화 LAB _ 앛과 앛(안과 안)
영역 : 지역, 식문화 리서치
키워드 : 중국동포, 조선족, 대림중앙시장, 이주하는 레시피와 입맛
클라이언트 : 일일댄스
기간 : 2024년 1월~12월
지역_장소 : 서울 _ 대림동 일대

시절 갈무리 : 입하(立夏)에서 입동(立冬)까지
Archiving Seasons

프로그램명 : 전시 _ 같이쓰는 농부사전
영역 : 아트, 전시, 워크숍
키워드 : 24절기, 제철 노지 작물, 채소 말리기의 예술적 체험, 모빌
클라이언트 : 블루메 미술관
협업 : 고양 찬우물 농장
기간 : 2024년 5월 ~ 11월
지역_장소 : 경기 파주 _ 블루메 미술관, 경기 고양 _ 찬우물 농장

언 손가락과 더러운 소매, 다시 그리기
Redrawing of My frozen fingers and dirty sleeves

프로그램명 : 전시 _ 같이쓰는 농부사전
영역 : 아트, 전시
키워드 : 그림일기, 채즙 드로잉
클라이언트 : 블루메 미술관
기간 : 2024년 5월 ~ 11월
지역_장소 : 경기 파주 _ 블루메 미술관

연결하고 나눠먹는
Connect & Share

프로그램명 : 트레브녹 나이트 01 (Trevnoc Night 01)
영역 : 행사, 케이터링
키워드 : 연결, 나누기
클라이언트 : 트레브녹

기간 : 2024년 1월
지역_장소 : 서울 _ 매치스 성수

산균빵
Mountain-Fungus-Bread

프로그램명 : 산균빵 사워도우 베이킹
영역 : 워크숍
키워드 : 야생 균, 발효
클라이언트 : 브레드 메일 (공동 기획)
기간 : 2024년 1월, 7월
지역_장소 : 온라인, 영월

이로운 풀
Korean medicinal herbs workshops

프로그램명 : 이풀 약초 워크숍
영역 : 체험 프로그램 개발, 상품 기획, PI 디자인
키워드 : 한국의 약초, 그림 레시피, 브루잉, 동의보감
클라이언트 : 이풀 약초 협동 조합
기간 : 2023년 8월 ~ 9월, 10월
지역_장소 : 서울 _ 혁신 파크 약초 텃밭, 보틀 팩토리, 언유주얼굿즈페어 (SETEC)

아이스크림 에스테틱스
IceCream aesthetics

프로그램명 : 한적한 숍 (Mindful Shop)
영역 : 워크숍
키워드 : 전기없이 요리하기, 아름다움, 맛표현
클라이언트 : 팩토리2
기간 : 2023년 8월
지역_장소 : 서울 _ 팩토리2

차갑고 달콤한 팝아트
Edible POP Art

프로그램명 : 세화 미술관 소장품 연계 식경험 프로그램
영역 : 워크숍
키워드 : 전기없이 요리하기, 팝아트
클라이언트 : 세화 미술관
기간 : 2023년 6월
지역_장소 : 서울 _ 세화 미술관

멜팅 아이스크림
Melting icecream

프로그램명 : 공주 청년마을 지역 체험 프로그램 _ 식경험 디자인 캠프
영역 : 워크숍
키워드 : 푸드 시스템, 전기없는 요리
클라이언트 : 곡물집
기간 : 2021년 7월
지역_장소 : 공주 _ 곡물집

선-에서 원○으로 : 연결되는 콩 고르기의 라운드 테이블
A Round table for communal sorting beans

프로그램명 : 지속가능한 미식의 날
영역 : 워크숍
키워드 : 콩 고르기, 푸드 시스템, 음식과 비(非)음식
클라이언트 : 곡물집
기간 : 2023년 6월
지역_장소 : 공주 _ 곡물집

마인드풀 곡성
Mindful Gokseong

프로그램명 : 곡성군농촌신활력플러스사업 디톡스테라피 여행 프로그램
영역 : 관광, 체험 프로그램 개발, BI 디자인
키워드 : 힐링, 지속가능한 지역 관광, 발효 식품 (고추장, 식초, 술), 동의보감

클라이언트 : 그리화성
기간 : 2023년 3월 ~ 5월
지역_장소 : 전남 _ 곡성 일대

낯선 두 사람의 차 마시는 거리
distance of inTEAmacy

프로그램명 : 낯선 두 사람의 차 마시는 거리
영역 : 전시, 아트 다이닝, 워크숍
키워드 : 사회적 마시기, 근접학 (Proxemics)
클라이언트 : 자체 기획
기간 : 2023년 3월
지역_장소 : 일본 _ 쿄토, 도쿄

프로그램명 : 전시 _ 14인의 목소리
영역 : 전시, 설치, 워크숍
키워드 : 사회적 마시기, 근접학 (Proxemics)
클라이언트 : 금천 아티스트랩
기간 : 2022년 12월 ~ 2023년 1월
지역_장소 : 서울 _ 금나래 갤러리

토마토 김치와 뚝뚝 수제비
Korean cooking workshop

프로그램명 : 제철 식재료를 활용한 한국 요리 워크숍
영역 : 쿠킹 클래스, 워크숍
키워드 : 한국 요리, 농부의 레시피, 제철 지역 식재료
클라이언트 : 단지 키친
기간 : 2023년 3월
지역_장소 : 일본 _ 사이타마

쌀과 잇기
Connecting with rice
쭉정이와 알맹이
Odd one out

프로그램명 : 전시 _ 누구의 이야기
영역 : 전시연계 프로그램, 워크숍
키워드 : 음식이기 전엔 자연이던, 음식 명상, 토종 종자
클라이언트 : 부산 현대 미술관
기간 : 2022년 11월 ~ 2023년 2월
지역_장소 : 부산 _ 부산 현대 미술관

서울 로컬리티 레시피
Seoul locality recipe

프로그램명 : 전시 _ 일시적 개입
영역 : 관객 참여 프로젝트, 워크숍
키워드 : 서울, 로컬 푸드, 레시피
클라이언트 : 서울 아르코 미술관
협업 : 피칸트 (디자인), 이준원 (웹 개발)
기간 : 2022년 11월 ~ 2023년 1월
지역_장소 : 서울 _ 서울 아르코 미술관

과하주 바
Gwaha-ju Bar

프로그램명 : 전시 _ 그녀의 자리
영역 : 식경험 연구 기획, 관객 참여 프로그램 개발
키워드 : 시대, 여성, 술, 공예
클라이언트 : 우란 문화 재단
협업 : 복숭복숭 (과하주 제조)
기간 : 2022년 8월 ~ 2022년 11월
지역_장소 : 서울 _ 우란 문화 재단

흙-벼-쌀-밥
Soil-Byeo-Rice-Bap

프로그램명 : 주나미 농장 비대면 경험 키트 개발

영역 : 비대면 경험 키트 개발
키워드 : 자연농, 토종씨, 밥맛
클라이언트 : 주나미 농장
기간 : 2022년 6월 ~ 2022년 11월
지역_장소 : 경남 _ 창원 주나미 농장

서울미래밥상
Seoul sustainable food strategy

프로그램명 : 서울미래밥상
영역 : 식품 정책 브랜딩, 네이밍, 카피 라이팅
키워드 : 도시, 서울, 지속가능한 먹거리 정책, 실천 지침
클라이언트 : 서울시 식품정책과
협업 : 피칸트 (디자인)
기간 : 2022년 7월 ~ 2022년 10월
지역_장소 : 서울 _ 서울시

채소 모빌 : 자투리와 갈무리, 말리기와 걸기
Odds n ends, drying n haning like CALDER

프로그램명 : 서울미식주간 _ 농부시장 마르쉐
영역 : 워크숍
키워드 : 자투리 채소, 말리기, 지속가능한 채소 활용
클라이언트 : 농부시장 마르쉐
기간 : 2022년 10월
지역_장소 : 서울 _ 석유비축기지

줄줄주의 순환적 생애
A lifecyle of foraged spirits

프로그램명 : 돌고 돌고 돌고
영역 : 공공예술, 관객 참여형 프로그램, 전시, 워크숍
키워드 : 채집, 음식과 비(非)음식, 푸드 시스템
클라이언트 : 팩토리2
기간 : 2021년 8월 ~ 2022년 8월
지역_장소 : 서울 _ 팩토리2, 인왕산 수성동 계곡,
　　　　　　파주 _ 타이포그라피학교 PaTI, 심학산

반지락 카라멜
Banjirak caramel

프로그램명 : 전시 _ 슬퍼하고 기침하는 존재들, (　)의 식탁
영역 : 전시, 전시 연계 프로그램
키워드 : 채집, 지역, 굴삭, 디저트
클라이언트 : 예올마루
기간 : 2022년 5월 ~ 7월
지역_장소 : 여수 _ 예올마루 장도 전시관

파래떡 : 바다와 나는 나누어 먹는다
Laver Tteok _ Sea and I share the plate

프로그램명 : 전시 _ 1제곱미터의 우주
영역 : 전시, 관객 참여형 프로그램
키워드 : 지역, 로컬 푸드, 멸종 위기, 바다의 사막화
클라이언트 : 실험실C
기간 : 2022년 1월 ~ 6월
지역_장소 : 부산 _ 다대포 몰운대 일대

에어룸 토마토 플레이버 맵핑
Heirloom tomato flavor mapping

프로그램명 : 에어룸 토마토 테이스팅 워크숍 및 맛 경험 지도 제작
영역 : 워크숍, 인포그래픽
키워드 : 맛 표현, 맛 언어
클라이언트 : 그래도팜
기간 : 2022년 6월
지역_장소 : 영월 _ 그래도팜

토종 곡물 경험 키트
Heirloom grain experience kit

프로그램명 : 토종 곡물 경험 키트
영역 : 상품 개발, 체험 프로그램, 키트 제작
키워드 : 토종, 곡물, 교육
클라이언트 : 공동 기획 _ 곡물집
기간 : 2022년 6월
지역_장소 : 해당사항 없음

토종 곡물 경험
Heirloom grain experience

프로그램명 : 토종 곡물 경험
영역 : 전시, 워크숍, 쿠킹 클래스
키워드 : 토종, 곡물, 교육, 시니어, 인지기능 개선
클라이언트 : 강남구 보건소 웰에이징 센터
기간 : 2021년 12월 ~ 2022년 4월
지역_장소 : 서울 _ 웰에이징 센터

비치코밍 캔디
Beachcombing Candy

프로그램명 : 식물 생태 아트 리서치 _ 부유의 시간
영역 : 관객 체험형 프로그램
키워드 : 해양 쓰레기, 음식과 비(非)음식
클라이언트 : 실험실C
기간 : 2021년 3월 ~ 6월
지역_장소 : 부산 _ 염도 절영 해안 산책로 일대

버들치 사탕
Beodulchi Candy

프로그램명 : 정릉천 커뮤니티 환경 디자인 및 식경험 콘텐츠 개발
영역 : 상품 개발, 체험 프로그램, 키트 제작
키워드 : 어린이, 교육, 생태, 지역
클라이언트 : 마을인 시장 사회적 협동 조합
기간 : 2021년 8월 ~ 11월
지역_장소 : 서울 _ 정릉천 일대

0 20 60 100

프로그램명 : 에밀빵 테이스팅 워크숍
영역 : 워크숍, 테이스팅
키워드 : 맛 표현, 맛 언어
클라이언트 : 브레드 메밀
기간 : 2021년 9월
지역_장소 : 제주 _ 디앤디파트먼트

티 포 투
T for 2

프로그램명 : 우란문화재단 시각예술 연구 프로그램
영역 : 식경험 연구 기획, 전시
키워드 : 앱 개발, 게임, 비대면 식경험
클라이언트 : 우란문화재단
협업 : 플링커 (앱 개발)
기간 : 2021년 1월 ~ 7월
지역_장소 : 서울 _ 우란 문화 재단, 온라인

채소 정육점, 맛있는 바베큐
Veggi Butchury

프로그램명 : 채소 정육점, 맛있는 바베큐
영역 : 가족 미각교육 파일럿 프로그램 개발
키워드 : 가족 요리, 채소 경험
클라이언트 : 연산예술창고
기간 : 2020년 11월
지역_장소 : 논산 _ 연산예술창고

새는 바가지
Leaky Bagaji

프로그램명 : 식물 생태 아트 리서치 _ 소요의 시간
영역 : 관객 참여형 프로그램
키워드 : 물, 자연의 법칙, 식행동
클라이언트 : 실험실C
기간 : 2020년 5월 ~ 11월
지역_장소 : 부산 _ 수정산 일대

발효 기억 전당포
Fermentation memory pawn shop

프로그램명 : 온 균 On Qyun
영역 : 관객 참여형 프로그램
키워드 : 발효, 기억, 표정, 어휘 표현
클라이언트 : 팩토리2
기간 : 2020년 8월 ~ 9월
지역_장소 : 서울 _ 팩토리2

나물 블리츠
Namul Blitz
브루잉 봉평
Brewing Bongpyeong
산이 먹이시다
Mountain feeds

프로그램명 : 첩첩담담
영역 : 관객 참여형 프로그램, 전시
키워드 : 채집, 담금주, 음식과 비(非)음식
클라이언트 : 라이스 브루잉 시스터즈 클럽 RBSC
협업 : RBSC
기간 : 2020년 6월 ~ 8월
지역_장소 : 봉평 _ 곤도 작은 미술관

밥 생각
Bap Meditation

프로그램명 : 밥에 대한 생각
영역 : 워크숍
키워드 : 토종 곡물, 밥 짓기, 명상
클라이언트 : 곡물집
기간 : 2020년 7월 ~ 12월
지역_장소 : 공주 _ 곡물집

발효 컬러 차트
Fermentation color chart

프로그램명 : 발효 테이스팅 워크숍
영역 : 워크숍
키워드 : 발효, 시간, 채도, 인포그래픽
클라이언트 : 입말음식
협업 : 입말음식
기간 : 2020년 2월
지역_장소 : 서울 _ 입말음식 부엌

나의 반려 채소, 무말랭이
My companion vegetable, Drying Radishes

프로그램명 : 음식의 미래 포럼 강연 및 연계 워크숍
영역 : 워크숍
키워드 : 자투리 채소, 갈무리, 모빌
클라이언트 : 서울 새활용 센터
기간 : 2019년 11월
지역_장소 : 서울 _ 새활용 센터

사발과 상짜기
Playing with tradition

프로그램명 : 사발과 상짜기
영역 : 워크숍
키워드 : 전통, 공예, 체험
클라이언트 : 입말음식
협업 : 입말음식
기간 : 2019년 11월
지역_장소 : 문경 _ 관음요 가마터

맛의 패턴
The taste to pattern

프로그램명 : 산삼주 테이스팅 워크숍
영역 : 워크숍
키워드 : 맛 표현, 시각 표현
클라이언트 : 포레스트 로드 700
기간 : 2019년 10월
지역_장소 : 평창 _ 산너미 목장

고랭지의 맛
The taste of altitude

프로그램명 : 강원 오계절
영역 : 워크숍
키워드 : 고도별 노지 채소, 갈무리, 모빌
클라이언트 : 강원 오계절
협업 : 입말음식
기간 : 2019년 10월
지역_장소 : 평창 _ 산너미 목장

채집가의 젤리
A forager's jelly

프로그램명 : 식물 생태 아트 리서치 _ 소요의 시간
영역 : 관객 체험 프로그램
키워드 : 채집, 루베
클라이언트 : 실험실C
기간 : 2019년 6월 ~ 9월
지역_장소 : 부산 _ 구봉산 일대

맛있는 채집 표본
Edible Specimen

프로그램명 : 어린이 미각교육 프로그램
영역 : 어린이 미각교육 프로그램 개발
키워드 : 채소, 식물, 채집 표본
클라이언트 : (주)샘표
기간 : 2019년 6월
지역_장소 : 서울 _ 샘표 본사

1그램의 감각
Condiment & Sauce

프로그램명 : 서울시 상생상회 개관 개념 프로그램
영역 : 미각교육 프로그램 개발
키워드 : 양념, 소스, 맛 표현, 레시피
클라이언트 : 내일의 식탁
기간 : 2018년 11월
지역_장소 : 서울 _ 상생상회

감자를 위한 인스타그램 키트
Instagram kit for a potato

프로그램명 : 열린혁신포럼
영역 : 관객 체험형 프로그램
키워드 : 미디어, 콘텐츠, 감자, 로컬푸드, 특산물
클라이언트 : 입말음식

협업 : 입말음식
기간 : 2018년 9월
지역_장소 : 원주 _ 엄마나무 숲

우유의 일생
A life of milk

프로그램명 : 우유의 일생
영역 : 워크숍
키워드 : 시식, 맛표현, 맵핑
클라이언트 : 팜메이트
기간 : 2018년 6월
지역_장소 : 여주 _ 은아목장

오디오 메뉴
Audio menu

프로그램명 : 전시 _ 미식예찬
영역 : 관객 체험형 전시
키워드 : 개인의 식문화사(史), 로컬푸드, 인터뷰
클라이언트 : 미식예찬
기간 : 2017년 10월
지역_장소 : 창원 _ OVER30

말씀의 맛
Taste of Lesson

프로그램명 : 비 메이커즈 B·MAKERS
영역 : 기술 장인과 예술가 협업
키워드 : 장인, 기술, 공예, 예술
클라이언트 : 실험실C
기간 : 2017년 9월
지역_장소 : 부산 _ 오초량, 부산 일대

장 브랜딩
Jang branding

프로그램명 : 장하다 내 인생
영역 : 브랜딩 워크숍
키워드 : 발효, 정체성
클라이언트 : 서울시 식생활종합지원센터
기간 : 2017년 연중
지역_장소 : 서울 _ 혁신파크 맛동

고구마 누들 샵
Cross noodle shop

프로그램명 : 쓰시마 보더 아일랜드 페스티벌
영역 : 문화 교류 축제 음식 개발
키워드 : 고구마, 비교 문화
클라이언트 : 쓰시마 보더 아일랜드 페스티벌
기간 : 2016년 10월
지역_장소 : 일본 _ 대마도 아소 베이 파크

발효된, 관계된
Fermented, Related

프로그램명 : 발효 인터뷰 쿡북 프로젝트
영역 : 인터뷰, 출간, 전시
키워드 : 한일 식문화 비교, 발효
클라이언트 : 자체 기획
협업 : 하루나 나카야마 Haruna Nakayama
기간 : 2016년 9월 ~10월
지역_장소 : 이천 _ 샘표 스페이스

김치의 시간
Times of Kimchi

프로그램명 : 김치의 시간

영역 : 워크숍
키워드 : 발효, 시각화, 외국인 대상
클라이언트 : 국제 슬로푸드 대회
기간 : 2015년 10월
지역_장소 : 일산 _ 킨텍스

언 손가락과 더러운 소매
My frozen fingers and dirty sleeves

프로그램명 : 시퀀셜 디자인/일러스트레이션 석사 프로젝트
영역 : 드로잉, 일기
키워드 : 우프, 농장 일기, 모험의 서사
클라이언트 : 자체 기획
기간 : 2008년 9월 ~ 2009년 9월
지역_장소 : 영국 _ 브라이튼 Brighton
　　　　　　레인스 오가닉 팜 Laines orgarnic farm

먹는다의 디자인 : 식경험 디자이너의 생각과 일

2024 년 11 월 15 일 1 판 1 쇄 발행
2025 년 4 월 15 일 2 판 1 쇄 발행

지은이 / 편집 / 디자인 / 영문 교정교열 / 펴낸이 _ 강은경
 info.smallbatchstudio@gmail.com   Instagram _ small_batch_studio

 AI 영문 번역 _ DeepL
펴낸곳 _ 스몰 배치 북스 (등록 _ 제 2020-000111 호)

ISBN 979-11-956835-4-3

이 책은 저작권법에 의해 보호받는 저작물입니다 .
수록된 글과 이미지를 사용하고자 할 때에는 반드시 저작권자와 스몰 배치 스튜디오의 서면 허락을 받아야 합니다 .
© Small Batch Studio

Food Experience Design : Thought and Practice

1st edition _ 15th of November 2024
2nd edition _ 15tt of April 2025

Author / Editor / Designer _ Eunkyung Kang (Small Batch Studio)
 info.smallbatchstudio@gmail.com   Instagram _ small_batch_studio

Publisher _ Small Batch Books (Registration No. 2020-000111)
 AI Translation _ DeepL

ISBN 979-11-956835-4-3

Printed in Korea

This book or parts thereof may not be reproduced in any form without the prior written permission of the publisher.
Copyright © 2025 by Small Batch Studio. All rights reserved